OHSAMA BUNKO

さりげなく・嫌われずに「言い返す」力がつく本

内藤誼人

三笠書房

言われっぱなしで
モヤモヤ
していませんか？

まえがき

「言いたいことを我慢する」のは、もうやめにしよう

「おぼしきこと言わぬは、腹ふくるるわざなり」という言葉があります。思っていることを口に出さずにいると、心の中がモヤモヤしてしまって、何とも気持ちが悪い、という意味です。

だいたいそういう思いをする人は、性格がとてもよい人。

自分の発言によって、誰かが傷ついてしまうのではないか、気分を害してしまうのではないかと心配になり、気に入らないことがあってもグッと飲み込んで、口に出さないようにしているのです。

ただし、言いたいことをいつも我慢していると、ストレスが溜《た》まります。

本書は、そんな読者に向けて書かれた本です。

心の中にモヤモヤが溜まらないように、「言いたいことはきちんと言う」という、仕事でもプライベートでも非常に役に立つ大切な技術について、これから読者のみなさんに学んでいただこうと思います。


「私は、もともと性格的に弱くて、自己主張なんてできないタイプの人間なのですが、それでも大丈夫でしょうか?」

そう心配される読者もいると思うので、まず初めに重要なことをお話ししておきます。


言いたいことをはっきりと伝えることは、「スキル(技術)」です。

スキルの特徴は、誰でも〝習得可能〟ということです。

「習得できない」ことはスキルとは呼びません。


たとえば、ピアノの演奏。生まれつきの才能がある人や、絶対音感の持ち主しかピアノが弾けるようにならないのでしょうか。そんなことはありませんよね。誰でも初心者向けの教則本から練習していけば、ピアノが弾けるようになります。年齢も関係ありません。何歳になっても学ぶことができます。ですので、ピアノの演奏は、はっきりと「スキル」だと断言できます。

英会話はどうでしょうか。これについても、誰でも習得可能です。ネイティブほどには上達できなくとも、誰でもそれなりに英会話はできるようになります。したがって、英会話も「スキル」と呼べるのです。

本書でとりあげる「言い返す技術」についても同じです。

性格的に引っ込み思案であろうが、内気であろうが、関係ありません。誰でも身につけることができます。自分が言いたいことをはっきりと口に出して言うことは、専門的には「**自己主張スキル**」と呼ばれています。「自己主張したいのに、うまくできない」という人に、ぜひ本書をお読みいただきたいと思います。

大切なことをもう一つだけ。

何であれスキルを習得するためには、それなりの訓練をしなければなりませんが、「自己主張スキル」は、他のスキルに比べると比較的簡単に学ぶことができるという事実も明らかにされています。

ドイツにあるゲッティンゲン大学のマチアス・バーキングが、心理療法に関する調査を行なった結果、自己主張できずに悩んでいる人にこのスキルを身につけさせることは、わりとたやすいことを突き止めています。不眠症を治療したり、不安障害を治したりするほうが難しいのだそうです。

「自分の言いたいこと」をキッパリと伝えることは、そんなに難しくありません。もう「言われっぱなし」で我慢しなくてもいいのです。

「まえがき」が少し長くなってしまいました。どうぞ安心して、このまま最後までよろしくお付き合いください。

内藤誼人

もくじ

Contents

まえがき

「言いたいことを我慢する」のは、もうやめにしよう　4

第1章

「迷惑なあの人」にやられっぱなしはイヤ…
そのモヤモヤした気持ち、解消できます！

誰でも「ナメられない」人に変われる　18
「無神経な相手」に強くなる第一歩　24
リハーサルしておきたい「切り返しのセリフ」　27
これは「抵抗しなくてはならないこと」　33
言葉に「迫力」を持たせるには　37
「自己成就的予言」の力　43
コラム「うまく自己主張できない」と思っているのは本人だけ!?　47

第2章

相手に攻め入られやすいのは、なぜ？
「いい人」すぎるのも、ほどほどに

「あなたのことは、それほど…」のスタンスもOK 52
正面きって「お言葉ですが…」は得策ではない 56
心の中に巣くう「不安」を一掃する 60
どうしたら「まわりの目」を気にしなくなれるか 63
モノを申せば「気が強い女」、お茶を濁せば「仕事ができない女」？ 67
「アクティブな人」に失礼なことは言いにくいもの 70
「代わりに言ってもらう」作戦 73
「ホーム効果」で有利に話を運ぶ 76
相手だって「言いなり」になりたくない。だから… 79
コラム「こちらは気づいているぞ」のフィードバックが大事 83

第3章

「言いたいこと」を言ってみる

もう「悔しい思い」を飲み込まなくていい

うまい「言い返しメール」 88
自分の言葉に「勢い」をつける簡単な習慣 92
「質問」をして相手の勢いをそぐ 95
「フォー・ウォールズ・テクニック」で外堀を埋めてしまう 100
「発言に力を感じさせるポーズ」をとる 104
「納得できない！」その気持ちのうまい伝え方 110
あと少しだけ「厚かましく」なってみる 114
「穏やかな声」で相手の反発を封じる 118
「押し黙るだけ」でもメッセージは伝わる 124
コラム「ブーメラン法」はあまり効かない？ 128

第4章

好印象を与えて「思いどおり」を実現

なんだか相手の口調が変わってくる

「普段の挨拶を明るく」の侮れない効果 132
相手に「恥をかかせない」配慮 136
「筋が通っていること」は大して重要ではない? 139
どう言うかは「モデリング」でマスター 143
「自尊心に直結する話題」はアンタッチャブルで 147
「話をさせてあげる」——すると言いたいことが言える 151
「言っても拒絶されるリスク」を恐れなくていい 154
「気軽に切り出す」と案外うまくいく 158
「適当なところ」で切り上げる 162
コラム 「攻めの自己主張」と「守りの自己主張」 166

第5章

「自己主張がうまい人」の生き方

少々のイザコザなんか平気、平気

「過去の後悔」より「今後の課題」 172
相手の「言い分」は一応聞いておく 176
「誰かとおしゃべりする」練習 180
「力関係」の強い、弱いがあるとき 183
「私の言葉は聞き入れられて当然」と思っていい 187
「シンクロニー」を利用して自分優勢の流れを作る 190
「頭コチコチ頑固な人」にどう対処する? 194
コラム 「生理的にムリ」な相手への対処法 198

第6章

いつでも誰とでも対等に
「気が通じる人」が増えていく

真正面ではなく〝搦め手〟から攻める　202
「徒党を組む」のもアリ　206
「ことわざ」の不思議な力を借りる　210
「オープンな質問」で相手をいい気分にできる　214
心理的距離を近づける簡単な方法　218
一瞬で表現がソフトになる「クッション言葉」の効果　222
「他の誰かのため」と考えると勇気が湧いてくる　226
「年配者」に言いやすくなるいい方法　229
「お試しでいいから」は魔法のフレーズ　232

あとがき　できるだけ円満に現状を改善するソフトなテクニック　235

参考文献　245

●本文イラストレーション　にぇり

第1章

「迷惑なあの人」にやられっぱなしはイヤ…

そのモヤモヤした気持ち、解消できます！

誰でも「ナメられない」人に変われる

「あの人の発言に納得がいかない！　きちんと言い返したい！」

「もう、やられっぱなしでいるのは、こりごりだ」

そんなふうに思っているのであれば、まずは人に侮られたり、軽く思われたりしないように、日頃から**「見た目」をきちんと整える**ようにしてください。

清潔感のない服装で、髪には寝ぐせがついているようでは、自分の身を守ることも、賢く言い返すこともできません。

見た目がばっちりであれば、私たちは堂々としていられます。

そうであってこそ、自信を持って言いたいことも言えるようになるのです。

「そんなのウソでしょう？」と思われるかもしれませんが、これは本当の話。

オーストラリアにあるニューサウスウェールズ大学のカンディス・ブレイクは、面白い実験をしています。

百五十九名の女子大学生を二つのグループに分けて、一方のグループには、「実験の当日には、大好きな人とデートするときのように魅力的に見える服装をして、ばっちりメイクをしてきてください」と伝えておきました。

そして、もう一方のグループには、「自宅でくつろいでいるときのようにリラックスした服装で、ノーメイクできてください」と伝えました。

そして実験当日、四十項目の自己主張テストを受けてもらったところ、見た目をばっちり整えてきたグループの学生では自己主張得点が高くなったのです。もちろんこちらのグループに、最初から自己主張のはっきりした人をたくさん割り振ったわけではありません。完全にランダムに割り振りました。

この研究でわかるように、私たちは見た目をキレイにすると、自信がついて、堂々としていられるようになり、無神経な言葉を投げつけられて「やられっぱなし」ということが少なくなります。自己主張できるようになれるのです。

⑪物おじしない「マインドセット」

弁論術や説得テクニックを学ぶ前に、まずは見た目を魅力的にすること。

話術に少しくらい難があっても、自信が持てるように魅力的な恰好《かっこう》をしていれば、それだけで物おじすることがなくなり、**堂々と自分の言いたいことを伝える心構え（マインドセット）**ができます。見た目を磨く効果を侮らないことです。

前述の心理学の実験は女性を対象にしたものでしたが、男性ももちろん、見た目にこだわりましょう。

パリッとしたジャケットをはおるだけで自信が湧いてきます。心が強くなります。魅力的な服装が、自分にとっての「鎧《よろい》」のような働きをしてくれるからです。

どうでもいいような安っぽい服を着ていたら、心理的に萎縮《いしゅく》するのは当たり前。

もし、言い返したい相手を目の前にすると、腰が引けてしまって、モジモジしてしまうタイプなのだとしたら、まずは見た目を変えることが先決です。これまでの服は一掃するくらいの気持ちで服を買い換えるのもいいでしょう。びっくりするほど「心の持ち方」も変わってくるはずです。

「軽く扱われる人」を卒業する

思い切って言い返そうとしてもうまくいかない人は、見た目のせいで軽く扱われてしまっているのかもしれません。

「すみません、仕事の進め方に関して意見を述べてもよろしいでしょうか？」
「キミの意見なんていいから、俺の指示どおりにやってよ」

こんなふうに素っ気ない対応をされてしまうのは、誰だってイヤですよね。

自分のことを尊重してほしい、きちんと扱ってほしいのであれば、やはりまずは見た目に気を配ること。服装がきっちりしていれば、素っ気ない対応をされなくなります。

カリフォルニア州立大学のパメラ・レーガンは、女性アシスタントを二種類の服装でアパレルショップに送り込みました。

まずは、ブラウス、スカート、ストッキング、ドレスシューズというフォーマルな服装で、メイクもしてもらいました。次は、Tシャツにテニスシューズというラフな恰好（インフォーマルな服装）をしてもらいました。メイクもしていませんでした。

女性アシスタントは、店内に入ってから店員が声をかけてくれるまでの時間をこっそり測定したのですが、フォーマルな服装の場合は五十一秒、インフォーマルな服装の場合は七十三・二秒でした。

まったく同じ人物でも、服装によって相手の対応は変わってしまうということが、よくわかります。

自分の思っていることを堂々と口にしたり、納得できない指示を出す上司にきちんと言い返したりしたいのであれば、とにかく服装に気をつけてください。相手の態度も対応も、ずいぶん変わってくると思いますよ。

「無神経な相手」に強くなる第一歩

『筋トレが最強のソリューションである』（Testosterone、U-CAN刊）というタイトルの本があります。「筋肉を鍛えるだけで、物事が万事うまくいってしまう」という、多少言い過ぎかなとも思える内容ですが、あながち大ウソというわけではありません。

自分に自信が持てないために自己主張ができないことは多いもの。筋トレによって身体を鍛えれば、気分も高揚し、自尊心も高まって、自己主張も堂々とできるようになるでしょう。

米国イリノイ大学のジュリー・ウェイトラフは、八十名の女子大学生に、毎週二時間、六週間にわたって護身術を習ってもらいました。護身術は、合気道や空手を組み合わせたものでした。

すると、トレーニングによって養われた**「自分の身は自分で守ることができる」という自信は、より全般的な自信にも波及**していったのです。

フィジカルという「説得力」と「影響力」

身体を鍛えると、自信が持てるようになるのです。

特に女性は、男性に比べると自信を持ちにくい傾向があると心理学的にもわかっていますから、意識して身体を鍛えるとよいでしょう。

最近では、女性でもキックボクシングなどのエクササイズをする人が増えているという話を聞いたことがありますが、これは非常によいことです。

いざというときに自分の身を守れるという自信がつけば、職場でもプライベートでも、自分の言いたいことをはっきりと言えることにつながると思われます。

筋肉がなくて、ヒョロヒョロ、ナヨナヨしている人が、自信を持って堂々と自分の言いたいことを主張できるのかというと、なかなかそうはいかないかもしれません。フィジカル面の影響は侮れない、ということです。

先ほど、「服装によって人の心の持ちようは変わる」というお話をしましたが、筋肉というのは、まさに自分にとっての「鎧」。ヒョロヒョロしている人は、いわば鎧を脱《ぬ》いだ無防備な状態にあるのと同じですから、そういう人はどうしても心理的にオドオドしてしまうのです。

護身術でなくとも、簡単な筋トレくらいはどんな人でもやったほうがいいと思います。身体を鍛えると、心の持ちようもずいぶん変わってきます。

スポーツジムに通うのがどうにも面倒だというのなら、自宅でトレーニングしましょう。ありがたいことに身体を鍛える方法をユーチューブなどの動画でわかりやすく紹介している人も多いので、そういうものを参考にするのもいいかもしれませんね。

リハーサルしておきたい「切り返しのセリフ」

落語家や俳優のみなさんは、高座や舞台に上がってアドリブで噺《はなし》をしたり演技をしたりしているのでしょうか。いいえ、そういうことは絶対にありません。彼らは徹底的にリハーサルをくり返して本番にのぞんでいるのです。

プロでさえリハーサルを欠かさないのですから、ましてや素人の私たちが、

「今日こそ言われっぱなしで終わらないぞ!」

と思うのであれば、**「こう言われたら、こう切り返す」と、あらかじめ言葉を考えて、脳内でリハーサル**しておく必要があります。

「ぶっつけ本番」で切り返そうとしても、うまくいくことは絶対にありませんから。

あらかじめどんなセリフで反撃するかを考えましょう。そして、相手を納得させられそうなセリフを丸暗記し、鏡に向かって何度もリハーサルしておくのです。準備を整えておけば、面と向かったときにもすんなり言い返せるようになります。

米国ウィスコンシン大学のリチャード・マクフォールは、言いたいことをなかなか口に出せずに悩んでいる人に集まってもらい、困った状況に陥《おちい》ったときにどうやって言い返せばいいか、十六のケースについて考えてもらいました。

たとえば、**「映画のチケットを購入するために列に並んでいるとき、割り込みしてくる人がいたら、何と声をかけますか？」**など具体的な状況を設定して、それぞれの場面でどのように言えばいいのかを考えてもらったのです。

自分なりにセリフを考案できたら、リハーサルもしてもらいました。

それからしばらくして、日常生活の中で同じような状況に遭遇したときに、きちんと自己主張できたかどうかを確認してみました。すると、リハーサルをした人たちのうち六二・九四％が、うまく自己主張できていました。

一方、まったく何のセリフを考えることもリハーサルをすることもなかった人たちでは、自己主張できた人たちの割合は四六・一六％でしたから、セリフを考えることやリハーサルをすることはたしかに効果的だったのです。

「これくらいやっておく」から結果が変わる

「言いたいことがあっても、何と言ってよいのか、よくわからないんですよね」という悩みを持っている人は多いと思うのですが、それはそういう状況を想定して準備をしておかないからです。

どういうセリフを言えばよいのか考え、どんな声、どんな表情で言うか、きちんとリハーサルしていればこそ、堂々とした態度で言い返すことができるのです。

なお、リハーサルをするときには、一回うまくいったくらいで練習をやめずくり返し練習してください。こういうのを「**過剰学習（オーバーラーニング）**」と呼ぶのですが、それくらいやっておかないと自信もつきません。

プロのピアニストは、人前で演奏する曲をひととおり弾けるようになったら、そこで練習をやめてしまうものでしょうか。そんなことはなく、そこからさらに練習をくり返すはずです。

「リハーサルだなんて、なんだか面倒くさい」と思っていたら、いつも言いたいことを我慢する「いい人」からいつまでも脱却できません。とにかく「一に練習、二に練習」という気持ちでリハーサルをくり返してください。うんざりするほどリハーサルしておいたほうが、結局は、自分のためになるのです。

内向的な人が「話す前に考えておくべきこと」

「自分は内向的だな」という自覚がある人ほど、準備を怠らないことです。

米国ミシガン州立大学のチャールズ・バーガーは、内気な人がなぜうまく話せないのかを調べました。そして、彼らが話す前にまったく何も準備をしていないことが原因であることを突き止めました。

内気な人は、誰かと付き合おうとするときに、

「よい印象を与えるために、こんなことを言ってみよう」

「こんなセリフでデートに誘ってみよう」

といったプランをまったく持っていないことをバーガーは明らかにしたのです。


周囲とのコミュニケーションでストレスを溜めない人ほど、事前にさまざまなことを考えています。

それに対して内向的で、「自分は理不尽な目にあいやすい」とボヤいている人ほど「行き当たりばったり」のコミュニケーションに終始する傾向があります。これでは、うまくいかなくて当然だといえるでしょう。


もう一つ別の研究をご紹介します。

米国アリゾナ州立大学のヴィンセント・ウォルドロンは、就職面接を受けるとき

に具体的な想定問答集のようなものを準備している就活生のほうが、二カ月から三カ月後のフォローアップ調査で、しっかり内定を獲得していることを確認しました。

面接でうまく自己アピールできる人ほど、面接対策をしっかり考えています。準備をしておくからこそ、堂々と受け答えができるのです。だから、内定がとれるのです。

勉強をまったくしないで試験を受けたらどうなるでしょうか。さんざんな成績に終わることは誰でも予想がつきますよね。

人付き合いにおいても同様なのですが、驚くほど多くの人がそういう準備をしていないのです。

だからこそ不快なことを言われても言い返せないし、悩ましい毎日を送ることになってしまうのです。

これは「抵抗しなくてはならないこと」

「人に何か言われたときには、こういう感じで言い返そう」と決めておくと、スムーズに言葉が出るようになります。誰かから無謀なことを言われたりして、断固とした態度をとるべきときにうやむやにしたりしていると、損してばかりの人生になります。

相手を怒らせたくない、衝突したくないという気持ちもわからないではありませんが、**人生には抵抗しなくてはならないときもある**ものです。

ハーバード大学のアルフレッド・マカリスターは、二つの中学校の一年生を対象に心理実験を行ないました。片方の中学一年生には、友人や先輩たちからタバコやマリファナを勧められたときの断り方について、六時間のトレーニングを受けてもらいました。「悪の道」への誘いを受けたとき、どうやって反論すればよいのか、具体的なセリフを示しながら切り返し方を教えたのです。

たとえば、「タバコを吸うのはオシャレでも何でもないし、中毒者になったらみっともないだけだよ」など。

もう一つの中学校では、こうしたトレーニングを行ないませんでした。

それから二年後、タバコやマリファナを試したことがあるかと質問してみると、反論トレーニングを受けた中学校の生徒は、タバコを吸った経験のある生徒の割合が五・六%、マリファナのほうは七・六%でした。

一方、トレーニングを受けなかった中学校の生徒は、タバコを吸った経験のある生徒の割合が一六・二%、マリファナのほうは一四・九%という結果になりました。

この実験結果から、事前に反論トレーニングを受けていると、「悪の道」への誘いを受けてもうまく拒絶できるようになることが明らかになったといえます。

「踏んだり蹴ったり」を避けるために

似たような実験結果は、米国ミシガン大学のジーン・ショープも報告しています。ショープは高校一年生を二つのグループに分け、片方のグループには友人から飲酒の誘いを受けたときに、どう拒絶すればよいのかのトレーニングを受けてもらい、もう一方のグループにはトレーニングを受けてもらいませんでした。すると、**トレーニングを受けた生徒ほど、人の言いなりにならずにすんだ**のです。

自分の意に沿わないお願いをされたときには、**「こんな感じで断ろう」と事前に決めておくのがベスト**ということです。

やりたくない仕事をお願いされたら、

「私がやると一〇〇%失敗しますよ。それでいいのなら喜んでお引き受けします」

飲み会でムリに飲まされたくないのなら、

「ごめんなさい、私、下戸《げこ》なので」

などと具体的に想定問答を準備しておきます。たとえウソでもかまいません。

普段からいろいろなケースを想定して、頭の中でイメージ訓練をしておくのもおススメです。

「リハーサル効果」も期待できるので、どんな状況でもうまく自己主張できるようになります。

言葉に「迫力」を持たせるには

「今度こそ、理不尽なあの人に言い返す！」と思うのであれば、きちんとセリフを決めておき、何度もリハーサルしておくこと。

その「自分を不幸に陥れている相手」にアドリブでいきなり立ち向かおうとしても、うまくいきません。

なぜなら、**言葉を選びながら話そうとすると、どうしても迫力に欠ける**からです。

「あのね、ええと、何というか……、その……」としどろもどろで言い返そうとしたのでは、相手はどこ吹く風でしょう。

米国サウスカロライナ州にあるクレムソン大学のステファン・フィッツモーリスは、男子学生二十一名、女子学生三十三名に、ある人の発言を録音したテープを聞いてもらい、その印象を尋ねました。

テープは、よどみなく話すバージョンと、発言の途中でおかしな休止の入るバージョンがありました。

その結果、**よどみなく話すほうが、信頼性も、説得効果も高くなる**ことがわかりました。また、休止を入れないで話したほうが、好ましい人という印象を与えることもわかりました。

「ええと……」「あの、その……」といった具合に言葉につかえると、効果的に立ち向かうことが難しいわけです。

「ええと」「あの～」は封印

ワシントン大学のキャサリン・ホークスもフィッツモーリスと同じような実験を

行ない、同じ結果を得ています。
ホークスは実験用に、「大学の安全性」をテーマに話している人の録音テープを作製し、話し手の印象を聞いてみました。すると、「ええと」「あの～」というセリフが入っているバージョンは、入っていないバージョンに比べて、「有能でない」「信頼できない」というネガティブな印象を与えてしまうことが明らかになったのです。

スピーチやプレゼンテーションはもちろんですが、反撃に出るときにも、大切なのは事前のリハーサル。
「プレゼンの神さま」と呼ばれたスティーブ・ジョブズも、新商品の発表会にあたっては何日も前からリハーサルをくり返していたという話は有名です。ぶっつけ本番でしゃべっていたわけではないのです。

「私は、言いたいことをうまく伝えられない」

「アンフェアなことを言われても反論できない」

という自覚がある人は、なおのこと事前のリハーサルに力を入れること。それだけで、言われっぱなしだったコミュニケーションはずいぶんと改善すると思いますよ。

「侮られやすい人」が気づかずやっている失敗

ただし、注意点を一つ加えさせてください。飲み込んできた自分の気持ちを言葉にしようというとき、**「準備は大切」だといっても、実際の会話においては臨機応変に対応しなければならない**ということです。相手がこちらの想定とは違った言い方をすることもあるからです。

エストニアにあるタルトゥ大学のハリキ・ハロー゠ロイトは、新人のジャーナリストに向けて次のようなアドバイスをしています。

新人のジャーナリストは、取材前にしっかりと質問リストを作成します。さもないと、取材相手に何を聞いたらよいのか、わからなくなって立ち往生するかもしれませんから、準備自体はしてもよいのです。

ところが、取材当日に、自分が用意した質問ばかり矢継ぎ早にして、取材相手の話をよく聞かないとか、相手の話の主旨からそれた質問をぶつけてしまうという失敗をすることがあります。これでは、相手は面白くありません。

「頭の切り換え」はとても重要

その点、ベテランのジャーナリストは、準備はしつつも柔軟に対応します。

たとえば、取材相手が、話を脱線させて取材のテーマとはまったく関係のない自分の娘の話や趣味のバイクの話をご機嫌で始めたら、そちらの話題を膨らませて質問していきます。そのほうが、相手が楽しんでくれるからです。

勘違いしないでほしいのですが、まったく何の下準備もなく、人に会いに行くのは危険ですから、質問リスト自体は作っておきましょう。

けれども、当日には少しだけ柔軟に対応すべきです。話している最中に、相手の気分が変わってくることもあるでしょうし、相手が風邪を引いていたり、体調を崩したりしていることもあるでしょう。そういうときには、質問を減らしたり、早めに切り上げたりと柔軟に対応すると喜ばれます。

コミュニケーションでは、その場その場の臨機応変な対応がとても大切。「融通がきかない人」はコミュニケーションで侮られやすいので、日頃から周りをよく観察して状況に応じて動くことを意識しておきましょう。

「自己成就的予言」の力

「理不尽なことを言われっぱなしの状況を変えたい」と思い立ち、それを実際の行動に移すときは、一つ注意点があります。

それは「どうせ言っても受け入れてもらえないだろう」と思ってはいけない、ということ。そんなふうに悪い予感を持っていると、本当にそうなってしまうからです。

こういう現象を、心理学では「**自己成就的予言**」と呼んでいます。

嫌われると思っていると、本当に嫌われます。「うまくいかなそうだ」と思っていると、実際にうまくいきません。期待どおりの結果になってしまうことを、自己成就的予言というのです。

カナダのオンタリオ州にあるウォータールー大学のダヌ・スティンソンは、人間関係における自己成就的予言についての実験を行なっています。

スティンソンは、大学生を五名ずつのグループに分け、マーケティング調査と称して商品についての話し合いの場を設けました。

なお、話し合いに先立ち、「自分がどれだけ他のメンバーに受け入れられると思うか」について質問していました。

実際の話し合いの場面をビデオで分析してみると、面白いことがわかりました。「私は他のメンバーに受け入れてもらえると思う」と答えた人は、話し合いのときにニコニコと笑顔を見せたり、やさしい声で話しかけたりと、温かな振る舞いをしていたのです。

そのため、他のメンバーに受け入れてもらえたのでした。

ところが、「私なんて、どうせ誰も受け入れてくれない」という予言をしていた人は、話し合いにおいては、素っ気ない態度をとり、終始不機嫌そうな顔で、冷たい声で話しました。

なので、当然ながら、他のメンバーに拒絶されがちでした。

「拒絶されるなんてありえない」と思っておく

この自己成就的予言をさらに踏み込んで考えてみると、今、あなたの近くに失礼極まりない人や、無神経な人、マウントしてくる人がいるのも、自己成就的予言のメカニズムがはたらいているからかもしれません。

人に接するときには、卑屈になったり、諦《あきら》めムードを漂わせたりせず、あくまで明るい期待を持つこと。

「最終的にこちらの言うことがスンナリ通る」

「私の言葉はあっさり受け入れられてしまう」

「拒絶されることなんて、ありえない」

こんなふうに**明るく楽観していると、不思議なことに本当に受け入れてもらいやすくなります**から。

言い返すときも、「どうせムリ」などと思わないこと。そういうネガティブな考えを持っていると、冷たい態度になりがちで、相手もムキになって反発してくる可能性がありますので注意が必要です。

コラム

「うまく自己主張できない」と思っているのは本人だけ!?

「自己評価」と「他人からの評価」が食い違うことはよくあります。

自分では、「うまくできない」と思っていても、他の人の目から見れば、「ご謙遜《けんそん》でしょう。ものすごくお上手ですよ」と高く評価されることがあります。

カナダにあるブリティッシュ・コロンビア大学のリン・アルデンは、男女の大学生五十名を集め、役割演技の実験だと告げて、相手の申し出を拒絶したり、相手にムリな要求をしたり、相手と違う意見を述べたりしてもらい、その場面をビデオに撮影しておきました。そして、後日、別の人にビデオを見せて役割演技の出来栄えを評価してもらったのです。

演技をしてもらった実験参加者にも、自分の演技の出来栄えについて自己評価してもらいました。

すると、

「私の声は震えていて、とても聞き取りにくい」

「口ごもっているし、しょっちゅう噛《か》んでいる」

「手が震えていてみっともない」

などなど、酷評の嵐。


ところが、ビデオを見た評価者たちは違いました。

「話し方がとてもスムーズ」

「堂々と自己主張できている」

と非常に好意的に、高い評価をしてくれたのです。

恐らく読者のみなさんも、

「自己主張がヘタ」

「いつも言いたいことを飲み込んでいる」

などと自認しているので、あえて本書を読もうと思ったのでしょうが、実際には、言いたいことをうまく伝えられているのかもしれません。

ひょっとすると読者のみなさんは自己主張のスキルを、改めて鍛える必要がないほど、十分に攻撃をうまくかわして、さりげなく言い返しているかもしれないのです。

私は以前、勤務先の大学の講義で「プレゼンテーション・スキル・トレーニング」という科目の講義を担当していたことがありますが、受講生は非常に上手にプレゼンテーションができていました。

大多数の受講生は、クラスメートを前にしても堂々としていましたし、即興でのスピーチもうまくできました。

「こんなにうまくできるのなら、わざわざ僕が教える必要もない」

と本気で思っていました。

ところが、本人の意見は違うのです。

受講生はみな口を揃《そろ》えて、「私は、プレゼンがヘタ」と答えるのです。当時はずっと不思議に思っていましたが、アルデンの研究論文を読み、「なるほど、自己評価と他者評価は相当に違うのだな」とわかって、得心がいきました。

みなさんは、もうすでに十分に自己主張のスキルが身についている可能性があり、その可能性は非常に高いということも知っておきましょう。

第2章

相手に攻め入られやすいのは、なぜ？

「いい人」すぎるのも、ほどほどに

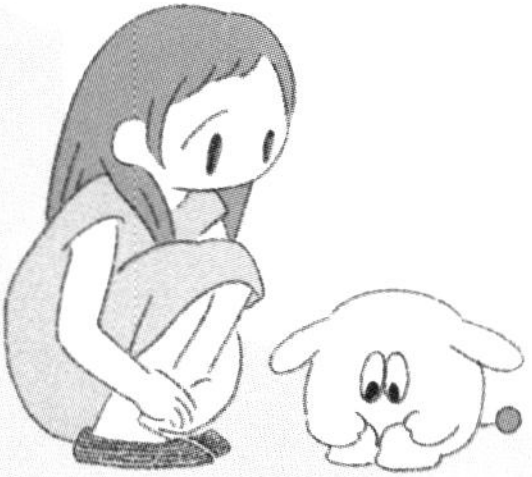

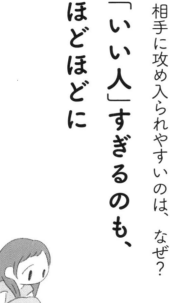

「あなたのことは、それほど…」のスタンスもOK

「ここで言い返したりしたら、拒絶されてしまうのではないか？」

「反論したら、二度と会ってもらえないのではないか？」

「正しいと思うことを口にしたら、関係を切られてしまうのではないか？」

誰かに拒絶されたり、嫌われたりすることを私たちはとても恐れるものです。

でも、こんなふうにいつもビクビクしていたら、言いたいことも言えるわけがありません。


言いたいことが喉元《のどもと》まで出かかっても、それをグッと飲み込んで我慢している人は、他者からの評価を異常に気にするタイプの人です。

心理学の古典的な法則に、「**最小関心の法則**」というものがあります。

恋愛においては、相手に関心を持っていないほうが有利だという法則です。相手を好きになったほうには、「惚《ほ》れた弱み」ができてしまいます。そうなると、不本意であっても相手の言いなりにならざるをえません。

したがって、恋愛においては「相手を好きになっても、好きになりすぎない」という、何とも矛盾した心がけが必要になるわけです。恋愛に駆け引きが生まれる理由もそこにあるのでしょう。

最小関心の法則は、米国ウィスコンシン大学のデニス・クローヴンによって正しいことが確認されています。

クローヴンが恋人のいる百六十名の大学生を調査したところ、「振られるのが怖い」と感じている人は、パートナーに伝えたいことや、こうしてほしいという要望があっても口に出せないことがわかりました。

ちょっとの「嫌われる勇気」で喉元がスッとする

というわけで、「言いたいことを飲み込んでグダグダ悩みつづける」人生から抜け出して、きっちりと自己主張できる人間に生まれ変わりたいのであれば、**人にどう思われるのかなど、あまり気にしすぎないこと**がポイントです。

「普段から言いたいことを言っているのだから、嫌われるのもまあ仕方ないか」
「もし恋人と別れることになったとしても、新しい人を探せばいいか」
「イヤなヤツと縁が切れるのなら、かえってハッピーかも」

こんな感じでいてください。
嫌われることを恐れてはいけません。
言いたいことを言えずにお付き合いをつづけることに、まったく益はありません。

そういう人とは、さっさと縁を切ったほうが賢明です。

上司や先輩に言いたいことがあっても、正直に言ったらイジメられそうだとか、評価が悪くなってしまいそうだと思って耐えている人もいるかもしれません。その度合いがあまりにもひどく、心をやられてしまうと感じているのなら、もっと「風通しのいい職場」を探したほうが精神的にラクになるでしょう。

正面きって「お言葉ですが…」は得策ではない

当たり前のことではありますが、職位が下の人間は、職位が上の人間には頭が上がりません。

組織に属している以上、程度の差はあるにしろ、上の人間の顔色をうかがいながら行動しなければならない側面は、どこに行ってもあるわけです。

これは、会社勤めの人であれば、ご理解いただけるでしょう。

「問題を指摘などしたら、部長はムッとするだろうな……」

と思えばこそ、「お言葉ですが……」などという言葉を口にすることは、憚《はばか》られるわけです。

つまり、下《した》っ端《ぱ》の人間が上の人間に意見を言えなくても、それは当たり前のことで、勇気がないからでも、臆病だからでもないのです。

上の人間に遠慮なく意見など言えないのが普通なのです。

あえて「イエスマンに徹する」割り切り

ドイツにあるケルン大学のジョリス・ラマーズは、オンラインで募集したオランダ人五百七十六名、アメリカ人五百名、イギリス人四百九十六名、東南アジア人四百十三名を対象に「あなたは、職場でどれくらいの人に影響力を及ぼせますか？」という調査を行ないました。なお、それぞれの国・地域で、男女がほぼ同数になるようにしました。

その結果、男性であれ、女性であれ、**「職場で私には力がない」と感じている人ほど自己主張ができない**ことがわかりました。

地位が低く、したがって権力がない人は、言いたいことも言えないのです。それはオランダでも、アメリカでも、イギリスでも、東南アジアでも、調査対象のすべての国・地域で変わりがありませんでした。

アメリカ人は、何となく自己主張できそうなイメージがあります。しかし実際のところ、アメリカ人も地位が上の人間に気に入られるためには「イエスマン」にならざるを得ず、自己主張ばかりしているわけにもいかないのです。

というわけで、組織の中でしっかりと自己主張できる人間になるには、まずは自分に与えられた仕事に全力を傾けるべきです。

本気で仕事をしていれば、その努力は必ず評価してもらえます。

そして評価が上がれば、当然ながら役職も上がっていくでしょう。職位が上がったら、そのときこそ自分の言いたいことを言い、やりたいことをやればよいのです。それまではじっと耐えるというのも、一つの作戦です。

地位が低いのに、自分の意見ばかりを喚《わめ》いても、誰も聞く耳など持ってくれません。

旧ソ連（現ロシア）の大統領だったミハイル・ゴルバチョフは、自分の役職が低いときには言いたいことも言わず、自分に課せられた仕事を黙々とこなして少しずつ地位を上げていきました。

そして共産党書記長になり権力を握《にぎ》ってから「ペレストロイカ」の名で改革を実行し、一気に東西の冷戦を終わらせたのです。

たとえ弁論の技術に自信があったとしても、職場での地位が低いうちは、あまり激しく自己主張してはいけません。言いたいことは地位が上がってから言うようにしたほうがよいのです。

心の中に巣くう「不安」を一掃する

読者のみなさんは、どれくらい臆病でしょうか。

スカイダイビングやバンジージャンプなど危なっかしくて絶対にやりたくない、と思うタイプでしょうか。アメフトのような危険なスポーツなど自分ではやりたくない、と思っているでしょうか。「長いものには巻かれるのが正解」と考えるタイプでしょうか。

もしそうなら、「不安を感じやすいタイプ」だといえるでしょう。実は、**「不安を感じやすい人」は、自分の思ったことを口にするのをためらう傾向があります。**

スロバキアにあるパヴォル・ヨゼフ・シャファーリク大学のマリア・サルコヴァは、十八の中学校に通う千二十三名の生徒に、不安を測定する心理テストと、四十七項目の自己主張テストを受けてもらいました。

すると、不安と自己主張には密接な関係があり、不安を感じやすい人ほど自己主張も苦手、という結果が得られたのです。

「心配事の九割は起こらない」と確認する

不安を感じやすいタイプは、リスクを過大評価する傾向があります。

自動車を運転するときに、交通事故にあってしまうリスクを過剰に恐れたり、転職のリスクを過大評価して、不本意ながらもイヤな職場にしがみついたりします。

自己主張できる人間になりたいのなら、まずは心の中に巣くっている不安を一掃しておく必要があります。

そのための一つの方法は、自分が不安に思っていること、心配していることを紙に書き出してみること。**「不安に感じることリスト」を作ってみる**のです。

それから三カ月後なり、半年後なりに、その不安のリストを見返してみて、不安に思っていたことが実際に起きたかどうかを確認するのです。

すると、「心配していることの九割は、実際には起きていない」ということが、ご自身でもわかると思います。いや、九割どころか、一つも起きていないということがわかったりもします。**たいていの不安なことは、実際には起きない**のです。

不安を打ち消すもう一つの方法は、**打ち消すための対策をしておく**こと。

巨大地震が起きることに不安があるのなら、非常用の食料を備蓄し、発電機やヘルメットなど、必要になりそうなものを片っ端から準備しておくのです。やるべきことをやっておくと不安はなくなります。

不安を抱えていると、私たちは自己主張もできなくなりますから、できるだけ楽観的に考える思考習慣を身につけるようにすることも大切です。

どうしたら「まわりの目」を気にしなくなれるか

私たちは、誰しも他人からの評判を気にするものです。自分がどのように思われているのかを知りたくて、いわゆる「エゴサーチ」をしてしまうのも、私たちが自分の評判が気になっていることのあらわれです。

しかし、周囲からの自分の評判などは、できるだけ気にしないほうが生きやすいもの。

それが気になれば気になるほど、言いたいことも言えず心が苦しくなるからです。

オランダにあるティルブルフ大学のエリザベス・ルッテンは、抑うつに悩む患者百名（平均四十二・二歳）を対象に、自己主張の度合いを測定する心理テストを受けてもらいました。

すると、**他者からの評価を気にしすぎる人ほど、自己主張得点が低くなる**という明確な傾向を確認することができました。

「開き直る力」＝「自己主張力」

自分がどう思われているかを気にしてばかりいると、言いたいことも言えなくなり、抑うつにもなりやすくなると考えられます。

というわけで、解決策は一つしかありません。

つまり、他人にどう思われるかを気にしたり、周囲からの評判はどうだろうかと悩んだりするのをやめるのです。

「もう、どうだっていいや」と開き直ってください。

かくいう私は、できるだけ他者からの評価を無視するように心がけています。エゴサーチなど絶対にやりませんし、アマゾンで自分の執筆した本のレビューを見ることもありません。

大学では、受講生からの授業評価があります。学生が先生に通信簿をつけるわけですが、私はそういうものも見ません。学生からの評価を気にしていたら、自信を持って講義ができなくなります。

他者からの評価を気にしていたら、自分の言いたいことなど口にできるわけがありません。嫌われたくないという意識が働くと、思ったことを口に出すのが怖くなってしまいます。

「**嫌われたら嫌われたで、それはもう、どうしようもないこと**」**と割り切る**こと。「普段から言いたい放題言っているのだから、嫌われるのも当たり前」と思っていたほうがよいと思います。

なお、自分が言いたいことを何でも口に出すようにしていると、たしかに嫌われるリスクも高くなりますが、「面白いヤツだな」と感じてくれる人も少なからず出てきてくれるものです。

他人の目を気にして、毒にも薬にもならないような人間になるよりは、むしろ少しくらい尖《とが》っていても、「そういうところが好ましい」と感じてくれる人を増やしたほうが、人生が楽しくなりますよ。

モノを申せば「気が強い女」、お茶を濁せば「仕事ができない女」？

男性と女性を比べたときに、女性のほうが自己主張をするときのハードルが高いのはなぜでしょうか。

それは、**男性が自己主張をしても「男らしい」とポジティブに評価されるのに対して、女性は「女らしくない」とネガティブに評価されてしまう**からです。女性は、そういうことを経験的によく知っているので、無神経なことを言われて言い返して当然の状況でも、躊躇《ちゅうちょ》してしまうのです。

米国テキサス大学のエミリー・アマナチュラは、給与交渉について書かれた文章を作り、それを二百二十六名の男女に読ませて評価してもらいました。

なお、文章は、いくつかのバージョンが用意されていました。

一つめは、登場人物の名前。男性名（マーク）のものと女性名（メアリー）のもの。

もう一つは、自分の要求を強く自己主張する内容のものと、そうではないバージョン。

その他は、すべて同じ内容です。

その結果、女性が強く自己主張すると「女らしくない」と悪く評価されました。

では、自己主張しなければよいのかというと、それも違いました。自己主張しないと「仕事の能力に欠ける」とやはり悪く評価されてしまったのです。

「言われっぱなし」「面倒ごと」を回避するために

女性にとって自己主張するかどうかは、まさに進むも地獄、戻るも地獄の、非常に悩ましい問題だといえるのです。

現代では、男女同権が叫ばれていますが、こうした心理的ハードルは思った以上に高く、女性の地位向上にも影響を及ぼしているといえるでしょう。

「女らしくない」と思われても気にせずに、ガンガン自分の要求をぶつけていったほうがよいのか、それともおしとやかに振る舞って「与《くみ》しやすい人」と思われていたほうがラクなのか、判断が難しいところです。

もちろん、一口に自己主張をするといっても、うまく自己主張するテクニックはあります。本書ではそういうテクニックをたくさんご紹介しますので、参考にしてほしいと思います。「言われっぱなし」だったり、面倒なことばかり押しつけられたりしてモヤモヤすることが減るように、うまく立ち回るのにご活用ください。

「アクティブな人」に失礼なことは言いにくいもの

うまく自己主張したり、言い返したりできる人間になるためには、**普段から活動的であるように努める**ことです。

アクティブな人間になって、どんなことにでも首を突っ込み、積極的に取り組むのです。普段からそういうメンタリティを鍛えておくと話力も上がり、いざ自己主張をする場面になっても物おじせず、自然体で積極的にできるようになるからです。

地元の奉仕活動、自治会のゴミ拾い、子どものＰＴＡ活動など、どんなことにも積極的に参加してください。

たいていの人はそういう活動を面倒くさいと感じるものですが、言われっぱなしで損をすることをなくしていくためにも嬉々《きき》として取り組むべきです。

テキサス大学のアニータ・ヴァンゲリスティは、二十一歳から二十五歳までの人を対象にした国勢調査をもとに、どんな要因が「話し方や伝え方のうまさ」に関係しているのかを調べてみました。

すると、①本人の学歴が高い、②父親の学歴も高い、③自宅に本がたくさんある、④年齢が高い、⑤政治的な活動をしている、⑥コミュニティへの参加もしている、といった要因が、話し方・伝え方の巧拙に関係していることが明らかになりました。

⑤や⑥をみればわかるように、話力の高い人は、何事にも積極的にかかわるタイプだと言えます。

「とりあえずOK」と考えるといい

友人などから、「一緒に○○をしてみない?」と誘われたときには、興味がないことでもとりあえずはＯＫしてやってみると、意外に楽しめるものです。

基本的な姿勢が積極的になってくると、なぜか人間関係においても積極的になり、言いたいこともはっきり言えるようになります。**物事に対する積極性が、自己主張にも波及する**のです。

面倒くさいからという理由で、仕事以外の活動をすべて拒絶するような人もいますが、それではなかなか積極的になれず、コミュニケーション力も高まりません。「必要なときだけ、積極的になればいい」と思っても、そう都合よくはいかないものです。

どんなことでも面白がってやってみましょう。職場の人たちとソフトボールチームを作ろうとか、地元のお祭りに参加してみようという話があったときには、どんどん参加してみることが大切です。

「代わりに言ってもらう」作戦

人との関係を変えるために、「言いたいこと」は何でも自分で言わなければならないかというと、決してそんなことはありません。**自分で言うのがためらわれるときは、「他の人に代わりに言ってもらう」**のもよいアイデアです。

たとえば、自分がまだ新人のとき。新人の社員が職場の改善案などを訴えても、誰も聞いてはくれないでしょう。

「何もわかっていない若造のくせに」と一笑に付されておしまいです。

同じことでも「誰が言うか」で結果は違ってきます。だからこそ、「どうしても、これを言っておきたい」ということがあるときに、年配のベテラン社員に相談してうまく代弁してもらうのは、とてもいい作戦です。

「人の口」を借りたっていい

オーストラリアにあるクイーンズランド大学のマシュー・ホーンゼイは、入社七日目の新人と入社十九年目のベテランがそれぞれ、職場の批判をするというシナリオの文章を読んでもらい、どれくらい抵抗を感じるかを七点満点で評価してもらいました。シナリオの文章は、「入社七日目」と「入社十九年目」以外の箇所はすべて同じです。

すると、新人が言ったときは四・四一点、ベテランが言ったときは三・七六点となりました。

新人が発言すると、多くの人が抵抗を感じることがわかります。人間の心理とは面白いものです。

そこで「**自分が言っても、たぶんダメだろうな**」**と思うのであれば、まずはベテランとお知り合いになり、力を借りられないか、画策してみましょう。**自分の考えをきちんと説明して、その人の口を借りられれば成功の見込みはグッと高くなります。

「そんなことをしたら、その業績をベテランの人に奪われてしまうかも」と、自己保身の気持ちが湧いてくるかもしれませんが、小さなことにこだわってはいけません。

人たらしの神さまと呼ばれた元総理大臣の竹下登さんは、

「汗は自分でかきましょう、手柄は人にあげましょう」

というまことに深い名言を残していますが、そういう気持ちを持つのです。

手柄を人に譲れる器の大きさが、長い目で見ると自分の評価に大きく寄与するからです。

「ホーム効果」で有利に話を運ぶ

国際的な交渉では、「交渉を行なう場所」でモメることがあります。交渉は、できるだけ自国でやったほうが有利だからです。これを「**ホーム効果**」といいます。スポーツの世界でもそうですね。自国開催のときのほうが、アウェーの外国に出かけていくよりも勝てる可能性はずっと高くなります。

たとえば、性格的に引っ込み思案で、あまり強気な態度をとれない人が仕事で何か交渉ごとをまかされたとしましょう。そのときは、こちらから相手先の企業に出向くのではなく、あれやこれやの理由をつけて、ホーム（自社）で交渉したほうが有利に事が運ぶ可能性が高まります。

「アウェー状況」はなるべく避ける

カナダにあるブリティッシュ・コロンビア大学のグラハム・ブラウンは、実験参加者に同性のペアを作ってもらいました。そして、それぞれにコーヒーメーカーの売り手側と買い手側になってもらい、価格交渉をさせてみました。交渉する場所は、「ホーム」と「アウェー」のどちらかに設定しました。

その結果、売り手側であろうが買い手側であろうが、ホームに割り振られた人ほど、強気になることがわかりました。

買い手側は、ホームであれば六・七ドル、アウェーであれば七・一二ドルで交渉、売り手側は、ホームであれば七・〇六ドル、アウェーであれば六・九〇ドルで交渉したのです。

ホームで交渉すると、売り手側は自分に都合のよい高い価格を、買い手側はより安い価格を提示したのです。

たとえ性格的に弱気な人でも、自分のホームなら強く出ることができます。性格が気弱な上にアウェーとなれば、結果が芳《かんば》しいことにならないのは目に見えています。

小さな犬でも、自分のホームの庭に入ってきた大きな犬なら追いかけ回すことができるように、**気の小さな人でもホームであれば、それなりに強気な態度に出ることができる**はずです。

交渉する場所を決めるときには、できるだけ自分のホームに設定すること。仕事で交渉ごとがあるときに、相手のほうから「場所はそちらにおまかせします」と言ってもらえたらチャンスです。遠慮なく、自社までご足労を願いましょう。

相手だって「言いなり」になりたくない。だから…

仕事の内容にもよりますが、部下やスタッフに指示を出すときには、大まかな指示だけでよいかもしれません。

細かなやり方などは、ある程度は部下にまかせたほうがやる気になってくれるからです。

一から十までこまごまと指示を出していたら、相手もうんざりしてしまうでしょう。

「まかせるべきところは、まかせる」ほうが、部下やスタッフも自分の頭を使って考えるようになります。やる気も出て、こちらの期待以上の成果を上げてくれることもあるかもしれません。

米国ユタ大学のダニエル・オリンピアは、毎日の算数の宿題の提出率が五〇%以下の小学六年生（男子十名、女子六名）を二つのグループに分けました。そして、一方には宿題の正解率の目標を自分で決めさせ、もう一方のグループでは先生が正解率の目標を決めるようにしました。

自分で目標を決めるグループでは、正解率の目標は八〇%、あるいは九〇%、一〇〇%をめざすなど、自分で決めてかまわないことにしました。

もう一方の先生が目標を決めるグループでは、「宿題では、問題の九〇%を正しく解こう」などと先生が数値目標を一方的に決めました。

それから十七日間の宿題の提出率を調べてみると、自分で目標を決めたグループでは平均提出率が七四・一%になりました。先生が目標を決めたグループでは六〇・五%でしたから、自分で目標を決めさせたほうが子どもたちもやる気になってくれたことがわかります。

さりげない「誘導テクニック」でこちらの希望を通す

自主的に動くほうが、人はやる気になります。

私たちには、「他の人の言いなりになりたくない」という基本的な欲求があるからです。誰しも自分のことは、自分で決めたいのです。

ですから、こちらの欲求を聞いてもらうとき、指示を出すときは、細かいところまであまり口出ししないほうがよいのです。

「それでは心配」というのであれば、**こちらの希望がうまく通るような選択肢をいくつか提案し、誘導**すればいいでしょう。

自分が指示を出すほうではなく、指示を出される側だったとしたら、

「仕事の進め方は、私にまかせてもらってかまいませんか？」

と聞いてみること。

さらに、いちいち口を出されることを予防するために、

「進捗《しんちょく》状況の報告は、二週間おきでもかまいませんか？」

などと聞いておくことも大切です。

そうすれば、指示を出すほうも「頼んでいたあの件の報告は、明後日に聞かせてもらえるな」と安心するでしょう。


上下関係があるときは、なかなか言い返すのが難しいことも多いかもしれません。少しでも気持ちよく仕事を進めるために、なるべく「自由度」や「許容度」を確保できるよう、うまくコミュニケーションしてみてください。そのほうが仕事も楽しいですよ。

コラム

「こちらは気づいているぞ」のフィードバックが大事

こちらの言うことを気持ちよく聞き入れてもらう、もしくは「あの人の言うことには、なんか逆らえないんですよね」という関係を築いていくには、日頃からのコミュニケーションが大切です。

日頃、こちらに無関心な相手から指摘されたり、何か言われたりしても、聞く耳は持てないものです。

たとえば部下や後輩の指導。

「包装は、もう少し早くこなせるように練習したほうがいいな」
「お辞儀をしたときには、もっとゆっくり顔を上げたほうがいいよ」
「待ち合わせでは、十分前に到着が基本だよ」

このように、自分が気づいたこと、思ったことなどを部下や後輩に教えてあげることを**フィードバック**といいます。こういうフィードバックは、どれくらいの頻度《ひんど》でやるのがよいのでしょうか。

フィンランドにあるユヴァスキュラ大学のカイス・モノネンによると、フィードバックは「毎回」が正解だそうです。

モノネンは、一度も射撃をしたことのない五十八名の実験参加者に射撃のトレーニングを受けてもらいました。

コーチは、姿勢のバランスや、精度、あるいは安定性についてフィードバックをするのですが、もっとも射撃の技術が向上したのは、毎回フィードバックを受けた参加者だったのです。

時折、「ヒジが下がってるよ」などとフィードバックするよりは、毎回のフィードバックが効果的なのです。何も問題がないときには、「そう、今のでいいんだよ」とフィードバックしてあげます。

私たちは、悪い点を指摘するときにだけフィードバックしようとします。相手がうまくできたとき、正しいことをしたときにはフィードバックをしません。何も伝えないことで「OK」という意思を表示しているのでしょうが、これはあまりよくありません。

悪いときだけでなく、よいときにも、「いいよ、そう!」と声をかけましょう。そのほうが相手も何が正しくて、何が誤りなのかをしっかり認識することができます。

フィードバックは、なるべくたくさん。できれば毎回。

それが原則であることを覚えておきましょう。

それはホメるときも同じで、ホメたり、ホメなかったりでは、あまり効果がありません。

信頼関係を築いていきたいなら、とにかく、毎回ホメてあげると喜ばれます。

ホメ言葉の効果は、そんなに長く持続しません。したがって、できるだけ頻回に、それこそ毎日でもホメてあげる必要があります。「昨日ホメてあげたから、今日はいいかな」という考えは間違いです。

こんなふうに意識することで、信頼も深まり、無用な反発やコミュニケーション不全を防げるようになります。

第3章

もう「悔しい思い」を飲み込まなくていい

「言いたいこと」を言ってみる

うまい「言い返しメール」

社会生活を送っていれば、

「何となく釈然としない」

「とても納得できない」

そう思うことはあるものです。「言い返したい！　でも、できない！」そんなとき、面と向かってではなく**メールで言い返してみる**のはどうでしょうか。これは、なかなかいいやり方です。人の意見やアイデアに物申すのは、勇気がいりますが、メールなら何とかなります。

たとえば、仕事の打ち合わせでもプライベートでも、何かを提案されたり、お願いされたりしたとき。「これはとても、のめるものではない」「引き受けられない」と感じるのなら、その場ではいったん保留にさせてもらいましょう。

「少し考えさせてください」「後ほどお返事します」と伝えておくのです。

それで少し時間を置いてから、

「何度も考えたのですが、やはりお引き受けできません。なぜなら……」

とメールで返せばよいのです。この作戦であれば面と向かって言い返すより心理的負担はかなり軽く、誰でもできるのではないでしょうか。

「脱制止効果」で言いにくいこともズバッと通す

米国ウェスト・ヴァージニア大学のキャスリン・クラーク＝ゴードンは、対面の状況よりも、オンラインの状況のほうが、人は大胆になるという仮説を検証した十四の論文を集めて、総合的に分析しました（こういうのを「メタ分析」といいます）。

その結果、**オンラインのほうが、大胆になって言いにくいこともどんどん発言できる**ということがわかりました。

匿名性の高いオンライン状況では、「**オンライン脱制止効果**」というものが起きます。「脱制止」というのは、ちょっとわかりにくい用語ですが、相手の気持ちを考えて言うのをためらったりしなくなる、という意味です。

対面状況では、相手を傷つけないように慎重に言葉を選ぶ人でも、オンラインになると、脱制止が起きて、言いにくいことも口に出せるようになるようだと、クラーク＝ゴードンは指摘しています。

「ネット人格」という言葉があり、ＳＮＳでは人が変わってしまう人も少なくありません。インターネットの世界では、違う人間になれるのです。

というわけで、**対面ではうまく言い返せない人でも、メールならけっこう何とかなってしまう**のではないでしょうか。対面では、ついつい内気になってしまう人でも、メールなら好ましい脱制止効果が起きてくれるので、言いたいことをはっきりと伝えることができるかもしれません。

また、相手が何らかの発言をしたとき、「それは違います！」「それは受け入れられませんね！」とすぐに噛みつくよりも、しばらく間をおいてから、「それは違うのではないでしょうか」とメールで言い返すほうが相手も拒絶されたという感じがあまりしません。

相手のメンツを潰《つぶ》すこともない、というおまけの利点もあります。

釈然としないとき、何でもかんでもすぐに言い返したほうがいい、というわけではありません。

少し時間を置いて、落ち着いて言い返したほうが、うまくいくケースは意外に多いのです。

自分の言葉に「勢い」をつける簡単な習慣

スポーツの世界選手権やオリンピックを見ていると、待機しているアスリートたちがイヤホンで音楽を聴いている姿が映し出されることがあります。自分の大好きな音楽を聴いて、集中力を高め気分を盛り上げようとしているのでしょう。

プロのアスリートたちも実践しているくらいなのですから、音楽の気分を高める効果は保証されていると考えてよいでしょう。

この**音楽の力を、自身の言葉に力を持たせるのに使わない手はありません。**自分の好きな音楽を聴いて、気分やテンションが上がっていれば、勢いがついて、言いにくいことも堂々と口に出すことができますからね。

基本的に、音楽のジャンルは問いません。「この曲を聴くと、ドーパミンがどんどん出てくる！」と実感できるのであれば、どんな音楽でもかまわないと思います。

明るく陽気な曲で「心のコンディション」を整える

ただし、あまりおススメできない音楽もあります。

それは、不安を高めるような音楽。音楽は、気分を高揚させることもできますが、その反対に恐怖や不安を高めることもできるのです。

米国ペンシルベニア大学のアリソン・ブルックスは、百三十六名の大学生を二つのグループに分けて、片方のグループには、映画『サイコ』のショッキングなシーンに使われるBGMを聴かせました。この音楽はユーチューブで聴くことができますが、何とも薄気味悪くて、不安を煽《あお》ります。

もう片方のグループには、ヘンデルの管弦楽曲として有名な「水上の音楽」を聴いてもらいました。

それから大学生をペアにして、携帯電話の売り手役と買い手役に分かれて価格交渉をしてもらいました。すると、不安な音楽を聴いた人は、売り手役に割り振られても買い手役に割り振られても、小額の要求しかせず、しかも早く交渉を切り上げようとすることがわかりました。

不安や恐怖を感じていると、交渉もうまくできなくなるようです。


というわけで、ポップスでもクラシックでもかまいませんが、自分の言葉と気持ちに勢いをつけてうまく自分の主張を通すためのコミュニケーション力をつけるには、**普段から明るく、陽気な曲を聴くようにするといい**ですね。

私のおススメはというと、運動会の徒競走でよくかかる「天国と地獄」。おそらくは読者のみなさんも何度も聴いたことがあると思うのですが、この曲を聴いていると、心が躍ってくるのです。どんな音楽がいいのか迷っているのなら、とりあえず「天国と地獄」にしてみてください。

「質問」をして相手の勢いをそぐ

誰かの意見や提案に反対したいとき。**真正面から「言い返す」よりも、「質問」をすることで相手の気を抜かせる**こともできます。

「ただ質問してみるだけ」という態度を見せれば、相手も警戒することがないでしょう。よほど心の狭い人でない限り、質問されただけで怒り出すこともありません。

絶対に避けたいのは、会議など、他の人がいる前で、
「あなたの提案には、まったく実現可能性がない」
という直接的な言い方をすること。

直球すぎる指摘は、相手を怒らせてしまうだけですし、会議室の空気も、ギスギスしてしまいます。周囲の人たちから、「何であんな言い方するのかね……」と思われることもあるでしょう。

こんなときには、質問です。

「ところで、予算は大丈夫なのでしょうか？」
「ところで、お客さまのニーズに関するマーケティング調査をしてみました？」
「単純な疑問なんですけど、スタッフは集まりそうなんですか？」

こういう形で質問すれば、相手のメンツを潰すこともありません。何しろ、面と向かって噛みつくというよりは、**素朴な疑問を口に出している、という印象を与えるから**です。

もし相手の提案に甘いところがあれば、さりげなく、いくつかの質問をしているうちに「なるほど、現段階では私のアイデアはちょっと難しいかもしれないですね」と翻意を促し、理解してもらうこともできるでしょう。

反対する側としても、「ただ質問してみるだけ」という気持ちでいたほうが、「反論する」「食ってかかる」ということにはなりませんので、気分的にラクなものです。

意見をグイグイ押しつけるのは逆効果?

哲学者のソクラテスの名前を冠した「ソクラテス式問答法」というものがあります。

ソクラテスは、お弟子さんたちに向かって、「お前の考えは明らかに間違っている」などとは言いませんでした。

「これはどうなの?」「あれはどうなの?」と質問をつづけることで、弟子が自分の考えの誤りを自分で悟るように仕向けました。これがソクラテス式問答法です。

このやり方を、私たちも見習いましょう。

自分の意見をグイグイと押しつけるのは下策です。ただ質問するだけで、相手が自分の誤りを悟ってくれることは多いのです。

たとえば、私たちは、リーダーというと何となく自分の意見を強く主張するようなイメージを持っていますが、実際には違います。

優れたリーダーは、あまり優れていないリーダーに比べて、自己主張するよりも、むしろ質問をよくするのです。

カリフォルニア州にあるマーシャル経営大学院のジョランタ・アリッツは、平均十年の職務経験のあるMBAコースの受講者にグループを作ってもらい、課題を与えて二十分間の討論をしてもらいました。

その際の質問回数を測定したところ、優れたリーダーは二十分間で平均十九・六回の質問をしたのに対して、そうでない人はわずか平均七・六回でした。

リーダーは意見の押しつけをするのではなく、むしろよく質問をしてメンバーに刺激を与え、積極的に討論に参加しているのです。もしリーダーが一方的にしゃべりまくっていたら、他のメンバーはただ沈黙するしかなく、討論もイマイチ盛り上がりません。

というわけで、もしもあなたがリーダーの立場であるなら、意見の押しつけは控えること。

そして、もしあなたの上司がしゃべりまくるタイプの人で、かつ自説を押しつけてきて閉口しているのであれば、言い返すよりも**まずは穏やかに質問だけしてみる**こと。そのほうが相手がヘソを曲げることなく自説を曲げてくれることもあるのです。

「フォー・ウォールズ・テクニック」で外堀を埋めてしまう

説得技法の一つに「**フォー・ウォールズ・テクニック**」と呼ばれるものがあります。直訳すると「四つの壁」。

本当に聞き入れてほしいお願いをする前に、相手が「イエス」と言ってくれそうな質問を四回くらいしておくと、なぜか目的のお願いについても、「イエス」と言ってくれる確率が大幅にアップしてしまうのです。四つの壁で相手を囲んで逃げられないようにすることから、「フォー・ウォールズ」という名前がつけられました。

たとえば、職場の人に会社の周りの清掃活動を手伝ってもらいたいなら、次のような感じで切り出してみましょう。

「会社の周りにゴミが落ちていたらイヤだよね？」

「たしかに」

「歩行者だって、ゴミがあったらイヤな気持ちになると思わない？」

「そりゃそうだよ」

「会社の周りがキレイになっていると、お客さんも入りやすくなるでしょ？」

「うん」

「清掃活動をしていると、自分の心もサッパリするよね？」

「たしかにね」

「これから僕は会社周りをキレイにしようと思うんだけど、一緒にどう？」

「いいよ、一緒にやろう」

実際に、こんなにうまくいくのかと半信半疑の読者もいるかもしれませんが、このテクニックの効果は、実験でも確認されています。

まずは「同意してくれそうなこと」から攻めていく

フランスの南ブルターニュ大学のニコラス・ゲガーンは、九十名の歩行者に声をかけて「フォー・ウォールズ・テクニック」を検証しています。

九十名を三つのグループに分け、一つめの「イエス」グループには、大多数の人が「イエス」と答えるであろう八項目の質問をしました。たとえば、「自宅に冷蔵庫はありますか？」のような質問で、イエスと答えてくれそうかどうかは、事前の調査でしっかり確認してありました。

二つめの「ノー」のグループには、事前の調査で「ノー」という回答が多く見られた八項目の質問をしました。「太陽光発電の湯沸かし器が自宅にありますか？」などです。

八つの質問が終わったところで本題に入り、「つづいて食習慣について四十五項目のアンケートもお願いしたいのです」と本当のお願いを切り出しました。

そして三つめのグループでは、八つの質問をせず、いきなり四十五項目のアンケートをお願いしました（コントロール条件）。

すると、はじめに「イエス」と答えてくれそうなアンケートに回答した人たちの承諾率は八三・三％、「ノー」という答えが多そうなアンケートに回答した人たちの承諾率は六〇・〇％でした。そして、いきなりアンケートをお願いした人の承諾率は三〇％でした。

ゲガーンは本題のお願いを切り出す前に、四つどころか八つもの質問をしているわけですが、たしかにフォー・ウォールズ・テクニックが有効であることがわかります。


つまり、**「今日こそ、あの人に言ってやりたい！」**と思っているときこそ、**いきなり本題に入らず、まずはどうでもいいような質問からスタート**してみてください。そのほうがすんなり受け入れてもらえる確率も上がるかもしれませんよ。

「発言に力を感じさせるポーズ」をとる

言い返すときに、どんな態度をとるかによって、うまくいったりいかなかったり、ということがあります。まず「見た目」ですが、**アゴを引いておく**ことが大切です。こうすると、不思議なことにこちらの意見に納得してもらえる可能性が高まるのです。

カナダにあるブリティッシュ・コロンビア大学のザカリー・ウィトコワーは、オンラインで募集した百一名の実験参加者（平均三十歳）に、男女のモデルの写真を何枚か見てもらい、その印象を尋ねました。

写真のモデルは、アゴを引いたポーズと、アゴを上げたポーズで撮影されていました。

すると、アゴを引いたポーズをとっている写真では「強そう」「威圧感がある」という印象を与えることがわかりました。これは、男性のモデルだけでなく、女性のモデルでも同じでした。

ウィトコワーによると、**アゴを引くと、両眉が「V字型」のように見えるために強そうな印象を与える**とか。V字型の眉というと、怒っている人の眉を連想させるので、強そうに見えるのですね。

眉頭から眉尻に向かってなだらかに下がっている、いわゆる「下がり眉」の人であっても、アゴを引くように意識すると、相手には両眉が上がっているように見えます。

幼く見える下がり眉の人でも、アゴを引くだけで強そうなイメージを与えることができるのです。

たったこれだけで「心理的な威圧」を与えられる!?

弱々しい印象を与えていたら、誰も言うことを聞いてくれません。発言に力を感じないからです。

ところが、アゴを引いて、「上がり眉」のように見えると、何とも強そうに見えますし、相手も心理的に威圧されて、言うことを聞いてくれやすくなるのです。ほんのちょっとしたことなのですが、こういうテクニックを知っておくと、人を説得するときにとても便利です。

プレゼンテーションをするときにも、できるだけアゴを引きましょう。アゴを引いて説明をすると、パワフルで自信に満ちた印象を与えることができますので、プレゼンテーションが成功する見込みも高くなるはずです。

逆に、アゴを上げてしまうと、「オドオドした人」「怯《おび》える小動物みたい」という印象を与えてしまいますので、注意してください。

弱気な自分は「パワーポーズ」で吹き飛ばす

とにかく気弱な状態では、うまくいくものもうまくいきません。「言い返すぞ」と思ったら、一時的にでも自分の心に「パワー」を生み出しておく必要があります。

そのための秘策が、「**パワーポーズ**」。

私たちの心は、身体と密接に連動しているので、「強そうな姿勢」をとっていると、心にもパワーが湧いてくるのです。

「なんだか怪しいな……」と思われるかもしれませんが、これは本当のお話。

米国テキサスA&M大学のケイティ・ガリソンは、三百五名の大学生に「最後通《つう》牒《ちょう》ゲーム」というものをペアになってやってもらいました。

このゲームは、四十ドルのお金を二人で分け合うもので、片方は四十ドルを好きなように分配し、もう片方は相手の分配の提案を受け入れるか、それともお互いにゼロにするのかを決めます。

一番いいのは分配する側が二十ドルずつ分けると提案すること。受け入れるかどうかを決める側はこういう平等な分配なら納得します。

ところが、分配する人が「自分は三十九ドル、そちらは一ドル」という提案をしたら、提案された側はおそらく「お互いにゼロ」を選ぶはずです。何ももらえないよりは一ドルをもらえたほうが得なはずですが、不公平な提案が気に入らないのでお互いにゼロにしてしまうのですね。

なお、このゲームをしてもらう前に、ガリソンは、分配の提案を受けるかどうかを決める側の半分の学生には強そうな姿勢を、残りの半分には弱そうな姿勢をとってもらいました。具体的には、次のようなものです。

パワーポーズ条件：頭の後ろで手を組み、足をテーブルにのせてふんぞり返る
パワーレス条件　：足をぴっちりと閉じて椅子に座り、うつむく

それから最後通牒ゲームをしてもらい、「五ドル以下の提案なら拒絶する」とした人の割合を測定してみました。すると、パワーポーズをとった場合では、弱そうな姿勢をとったときに比べて一・七一倍も拒絶率が高まることがわかりました。

強そうな姿勢をとっていると、気に入らない提案のときには遠慮なく拒絶できるようになったのです。

もともと気弱で、なかなか相手に言い返せないという人は、ぜひパワーポーズを試してみてください。地位の高そうな人の姿勢を真似るだけで、心にパワーが湧いてきて、堂々と言い返せるようになるかもしれません。

「納得できない！」その気持ちのうまい伝え方

相手の話に納得できないとき、よく考えもせずに拒絶の言葉を口にしていないでしょうか。たとえば、こんな感じで。

「内藤くん、悪いんだけど今日も残業を頼めるだろうか……」
「イヤですよ、昨日も残業だったじゃないですか！」

しかし、これはあまりよい返し方とは言えません。
なぜなら、拒絶されたほうはメンツを潰されたように感じて、心に含むところができてしまうからです。

では、どうすれば不快感を与えたり、険悪な雰囲気が生まれたりしないように切り返せるでしょうか。

こんなときに便利なのが、「**交渉**」。

要求や注文を拒絶するのではなく、こちらからも要求をぶつけて、お互いに満足できるような着地点を探るのです。

たとえば商品の値下げを打診されたときには、「原材料費だって高騰しているのですから、ムリです」と頭から拒絶するのではなく、交渉してみましょう。

「それなら注文する個数を増やしてもらえませんか？」
「納期を少し延ばしてもらえませんか？」

このように、どんどん要求をぶつけるようにすると、相手に言われっぱなしにはならず、多少なりとも満足のいく結果を得られます。

交渉のよいところは、拒絶するのに比べて不快感を与えないところ。完全に拒絶されるわけではないので、お互いに気まずい思いをしなくてすむのです。

「拒絶」ではなく「交渉」できると評価も上がる

米国ノースカロライナ大学のベネット・テッパーは、三百四十七名のマネジャーに部下とのやりとりを思い出してもらい、「拒絶」する部下よりも「交渉」する部下のほうを好ましく評価することを明らかにしています。

「イヤです」といきなり拒絶されるとカチンとくるもの。その点、「やり方は私にまかせてもらえますか?」などと交渉されると、受け入れやすいのです。

交渉のポイントは、**たとえどんなに小さいことでもいいので、要求を出す**こと。ほんのちょっとでも要求を出しておけば、交渉の結果に自分なりに納得できます。

言われっぱなしで泣く泣く受け入れるのではなく、自分が少しでも満足できるように交渉すること。お互いにウィン・ウィンの結果になるのが一番望ましい形なのです。

たとえば残業をお願いされたときには、「いいですけど、たまには夕飯をおごってください」と切り出すのも一計でしょう。

夕飯がムリなら、「それなら、ジュースをおごってください」と提案してみましょう。それもムリなら「肩をもんでください」など。そのうち相手も苦笑しながら、「わかった、わかった」と言ってくれるかもしれません。

あと少しだけ「厚かましく」なってみる

もし、納得のいかないことがあるなら、自分の要望をきちんと伝えることは非常に大切です。

なぜなら、要望を伝えないと相手はこちらが現状に満足していると思ってしまうからです。

「給料を上げてください」と要望を伝えないと、おそらく給料は上がりません。現状に不満があると伝えないと、「今の給料できっと満足なんだろう」と思われるに決まっています。

上司から自分の仕事とは関係のない仕事を頼まれたり、面倒なプロジェクトのリーダーをお願いされたりしたときなどは、要望を伝え、交渉を持ちかける絶好の機会です。

「わかりました。そのお話はお引き受けしますが、その代わり、ほんの少しでもよいので給料を上げてください」

などと持ちかけるのです。交渉が必ずうまくいく保証はありませんが、交渉しなければ昇給する可能性は限りなくゼロです。

「不満があります」——現実を動かすコツ

米国ヴァージニア州にあるジョージ・メイソン大学のミシェル・マークスは、さまざまな業種で、今の会社に雇われて三年以内の百四十九名に、会社と給与交渉をしたかどうかを尋ねました。すると交渉したのは百十人で、しなかったのは三十九人でした。

次にマークスが、「では、給料は上がりましたか？」と尋ねたところ、給料が上がったのは給与交渉をした人だけでした。交渉しなかった三十九人のうち、昇給した人はゼロ。うまくいくかどうかはわからなくとも、ともかく交渉しないと給料は上がらないのです。

アメリカには「キーキーとうるさく音を立てる車輪ほど、油をさしてもらえる」ということわざがあるそうです。

うるさく言い募《つの》るからこそ、相手も対応してくれるのです。

何も要望を出さず、おとなしく黙っていたら、何もしてくれません。当然、こちらは何も得られません。

愚痴《ぐち》も不満も、不平も文句も言わず、黙々と働いている人は、人間として立派な人だとは思いますが、交渉するからこそ得られるものがあるのです。

「こっちの不満も、少しは考慮してよ」

心の中でそう念じていても、相手には伝わりません。きちんと要望を口に出さないと、現状は何も変わらないのです。

少しくらいは、厚かましい人間になりましょう。無理難題をぶつけられたときは、交渉を持ちかけるチャンス。どんどん要望をぶつけていくといいですよ。

「穏やかな声」で相手の反発を封じる

言い返そうとするとき、多くの人は、尖った声やトゲのある声や怒気《どき》を含んだ声になりがちですが、**感情的にならないよう、十分に注意**しましょう。そういう声で言い返すのは、ケンカを売るのと同じです。

怒った声で言い返したら、おそらくは相手もエキサイトします。「売り言葉に買い言葉」といいますがそのとおりで、お互いに怒りをエスカレートさせてしまうのです。

言い返すときには、できるだけ穏やかな声を出すように意識してください。

そして、言い返す前には何度か深呼吸するといいでしょう。

自分の感情が落ち着いてから発言をしても、遅くはありません。

米国ユタ大学のコニー・ビュリスによると、やさしい声で話しかけることは、愛情、温かさ、相手を受け入れている、という意味合いをきちんと伝えるのに効果的であるそうです。

言い返すときほど好きな人に話しかけるように、できるだけやさしい声を出しましょう。それだけで、相手もこちらの意見に耳を貸してくれます。

とげとげしい声で話しかけると、相手はケンカを売られたと感じて、身構えてしまいます。心も閉ざしてしまうでしょう。そういう状態では、どんなに説得しても徒労に終わります。

言い返すときには、「落ち着いた声、落ち着いた声」と自分に言い聞かせてください。

たとえ相手が年上でも、赤ちゃんに話しかけるときのように、穏やかで、やさし

い声を出すように努めましょう。

「ゆっくり話す」だけで自分も相手も冷静になれる

感情的になりやすい人は、少しゆっくり話すように心がけることも大切です。早口で話そうとすると、怒りがヒートアップしやすくなる傾向があります。したがって、一つひとつの言葉を、噛んで含めるように口にすること。ゆっくりと話そうとすればするほど、心は落ち着いてきます。

穏やかな人は、早口でまくし立てたりしません。早口は、何となく感情的で、怒っているようなイメージを与えてしまいます。ですから、**言い返すときに早口になるのはとても危険**です。

自分の声が相手にどんなふうに聞こえるのかを確認したいのであれば、スマホの録音アプリや、ボイスレコーダー機能を使って、自分の声を録音して聞いてみてください。

自分ではゆっくり話しているつもりでも、まだまだ早すぎるかもしれません。甲高くてキンキンした声だから、もう少し低い声で話さないと、など、さまざまなことが客観的に判断できます。

「同じこと」でも魅力的な声で話してもらうだけで…

さらに、ゆっくり話すことには副次的な効果もあります。「この人、素敵だな」と感じてもらいやすいのです。

お笑い芸人のみなさんは、概して早口です。

そういう話し方を一般の人がすると、キンキンして耳障《みみざわ》りですし、何を話しているのか、よく聞きとれないこともあります。

芸人さんは、元気いっぱいで、エネルギッシュな自分をアピールすることを狙って早口にしているのでしょうが、心理学的には、そういう話し方を真似することは、あまりおススメできません。

米国オルブライト大学のスーザン・ヒューズは、二十名の男女に一から十までの数字を自分なりの自然なスピードで読み上げてもらって、その声を録音し、これを声のベースライン（基準）としました。

次にヒューズは、「できるだけ聞く人に魅力的に聞こえると思う声で、先ほどと同じように一から十までの数を数えてください」とお願いしました。

すると男性でも、女性でも、読み上げるスピードがゆっくりになることがわかりました。男性では、ベースラインが七・八三秒だったのが「魅力的な声」を意識すると八・六一秒に、女性では七・四八秒だったのが九・〇八秒になりました。

ヒューズは録音した声を、別の四十人の判定者に聞いてもらい、「どれくらい魅力的に聞こえますか？」と質問したのですが、やはりベースラインの声よりも、ゆっくり話したときの声のほうが、魅力的との評価が高まることがわかりました。特に女性の声では、その傾向が強く表われました。

魅力的な人に何かを言われたら、ついその言葉を受け入れてしまうのが人情というもの。

したがって、言い返そうとするときほど、「ゆっくり話すんだぞ」と自分自身に言い聞かせてください。ゆっくり話そうとすれば、魅力的な声を出せますし、相手に受け入れられやすくもなります。

「押し黙るだけ」でもメッセージは伝わる

「説得できる自信がない」
「適当なセリフが思い浮かばない」
「相手が感情的になりそうで怖い」

言い返したいとは思うものの、うまく言い返せそうもないときがあります。そんなときは、ムリに言い返そうとしなくてもいいのです。その代わり、貝のように口を閉じて黙っていましょう。
「ただ黙っているだけでは、事態は何も変わらないではないか」と思うかもしれませんが、そうでもありません。

実のところ、「黙っている」とは、「私は、あなたの意見に同意していませんからね」ということを効果的に伝える、きわめて有効な方法なのです。じっと相手の目を見つめて沈黙しているだけで、自分が反対していることを相手は感じとってくれるはずです。

A「大きな取引ですし、値引きしてくれるとありがたいです」
B「……」
A「ムリですか」
B「……」
A「消費税分だけでも何とかなりませんか？」
B「……」
A「そうですか、やはり値引きは難しいですか」

この例では、Bさんが一言も返さず、ただ沈黙しているだけであることに注目してください。Bさんは何も言っていないにもかかわらず、Aさんは自分の提案を引っ込めています。

現実にここまでうまくいくかどうかは、わかりません。状況にもよるでしょう。しかし、多くの場合、うまくいく可能性が高いのです。

「無言のプレッシャー」の効き目

米国ミシガン大学のデビッド・バスは、「パートナーに何かしてもらいたいとき、人々はどのような戦略をとっているか」を調査し、「一言も発しない」という方法も決して悪くなく、有効な方法だと指摘しています。

なお、沈黙することでこちらの要求を通そうとすることは、専門的には「**サイレント戦略**」と呼ばれています。

交渉においてはワーワーと喚き散らすだけが能ではありません。むしろ押し黙ってしまうことで、要望を伝えることもできます。

こちらが黙り込んでいれば、相手は混乱します。黙っていれば、何となく怖い印象も与えます。そのため、相手はムリな注文や要求を撤回してくれるのです。

沈黙の戦略は、非常に有効ですし、口下手な人でも利用できます。

気に入らないときには、ただ黙っていることも一つの手です。黙っていることで、相手に無言のプレッシャーをかけることができます。

コラム

「ブーメラン法」はあまり効かない？

営業や販売のお仕事をしている方なら、「ブーメラン法」という話法をご存じかもしれません。

ブーメラン法とは、お客がお断りしてくる理由を「買うべき理由」に言い換えるテクニックのこと。

たとえば、お客が「お金がない」という理由で断ってきたら、「ええ、だからこそ私はおススメしたいんです」と切り返す。これがブーメラン法です。

「お金がないからこそ、長い目で見てコストパフォーマンスのよいものを購入されたほうがいいのです」と言われたら、お客も買う動機が上がる、というものです。

では、このブーメラン法は、実際のところどれくらい効果的なのでしょうか。

米国イースト・カロライナ大学のレイド・クラクストンは、流通業や製造業の二百四十二名の販売担当者にどんなテクニックを使って営業活動を行なっているのかを聞くとともに、各自の営業成績も教えてもらいました。

すると、ブーメラン法は、実際のセールスにまったく結びついていないことがわかりました。「売り上げを上げる」どころか、むしろブーメラン法を使っている販売担当者ほどセールスの成績が悪かったのです。


ブーメラン法は、営業や販売の本を読むと、かなりの頻度で紹介されているスタンダードな話法です。言い返すテクニックの一つではありますが、実際にはおススメできるような方法でもないのかもしれません。

これは自分がお客で、相手がブーメラン法を使ってきたときのことを頭の中でイメージしてもらえればわかります。

「今は忙しいから、あなたの話なんて聞いているヒマがない」と断っているのに、「忙しい人だからこそ、なおさら話を聞いてほしいんです」と切り返されたら、どのように感じますか。「なるほど、じゃあ話を聞いてみよう」となるでしょうか。

おそらく大半の人はカチンときて、「わからない人だな、さっさと帰れって言ってるんだよ」と冷たい態度をとると思います。

拒絶の理由として挙げたことを使って切り返されると、何となく〝揚げ足〟をとられたように感じる人のほうが多いのではないでしょうか。

ブーメラン法を使って成功しているのなら、これからも使いつづけてかまわないと思いますが、「どうもお客さまからの反応がよくない」と思うのであれば、もっと他の方法を試してみるほうが賢明です。

第4章

なんだか相手の口調が変わってくる
好印象を与えて「思いどおり」を実現

「普段の挨拶を明るく」の侮れない効果

自分の言葉に力を持たせ、いざというときに効果的に相手にこちらの考えを受け入れてもらったり、いい形で言い返したりできるようになるためには、普段から周囲にいい印象を与えておくことが必要です。たとえば、

「おはようございます」
「こんにちは」
「お先に失礼いたします」

こうした挨拶《あいさつ》は、どんどんしておいたほうがいいでしょう。

相手がよく知らない人であってもです。違う部署の人であっても、出入りの業者さんであっても、近所の人でも、とにかく誰に対しても挨拶する。そういう習慣をぜひ身につけてください。

ほんの一言でも挨拶しておくと、相手との関係が非常に円満になります。普段から円満な関係を築いておけば、相手は心を許してくれるようになります。

上司や先輩が理不尽で困っているという人も、まずは自分から明るく挨拶しましょう。**いつも元気に声をかけていれば、相手の心証もよくなり、コミュニケーションも円滑になります。すると、ちょっと言いにくいことも言えるようになったりします。**

⑪ こちらの言うことを「聞いてもらう」下地作り

米国オクラホマ州立大学のアリアン・オールデイは、授業中でもひっきりなしにおしゃべりして授業を妨害したり、他の生徒にちょっかいを出したりする三人の問題児を抱える担任の先生に、その問題児の態度をあらためさせるため、ある方法を伝授しました。

それは、先生の側から**挨拶**をすること。

「なあんだ、挨拶かあ」と思われるかもしれませんが、挨拶をバカにしてはいけません。たかが挨拶、されど挨拶です。

オールデイの指示にしたがい、担任の先生は教室に入るとき、問題児に向かって「やあ、トム。今日も会えて嬉《うれ》しいよ」と、相手の名前をきちんと入れながら挨拶するようにしてみました。

すると、問題児に明らかに変化が見られ、担任の話をよく聞いてくれるようになったのです。

そこで、「それでは次の課題をやってみよう」とか「教科書を開こう」と先生が指示を出してから、三人の問題児（トム、ビル、ジョー）が取り組むまでの時間を調べてみました。

その結果、挨拶をしないときは、それぞれ百十四秒、五十四秒、百七十九秒かかっていたのですが、挨拶をしたときは、それぞれ二十九秒、二十三秒、四十四秒と、取りかかるまでの時間が短縮したのです。


挨拶をしないときには、三人の問題児はダラダラしてなかなか言うことを聞かなかったのに、挨拶をすると、すぐに取りかかるようになることがわかりますね。

人間の心というのは不思議なもので、挨拶をしてほんの少し声を交わしておくだけでも、相手の態度はずいぶんと変わってくるものなのです。

相手に「恥をかかせない」配慮

ちょっと気になることがあって何かを言い返したいとき、周囲に他の人がいないタイミングを選ぶのが鉄則です。「ちょっと場所を変えませんか?」と提案し、他に誰もいないところに移動するのもいいでしょう。二人きりになったところで自分の考えを伝えるのです。

なぜそんな面倒くさいことをするのかといえば、**相手のメンツを潰さない**ようにするためです。

周囲に他の人がたくさんいるところで、「あなたの意見は間違っている」とか「あなたの考えは根本的におかしい」などと指摘したら、どうでしょう。人前で侮辱《ぶじょく》されたと感じて、ものすごく傷ついてしまうはずです。

自分の意見を述べるのはかまいませんが、時と場所を選ぶ配慮がなければ、相手からガツンと反撃されても文句は言えません。多くの人の前で、相手に恥をかかせないことは、人としてのやさしさです。

「メンツを潰す」と後がやっかい

香港大学のチー・ユエ・チウは、中国人はメンツを大切にするので、相手のメンツを潰しそうだと思われるときには、あえてクレームをつけないと報告しています。日本人にもそういうところがありますよね。

最近では、他のお客さんが大勢いる前で、店員を怒鳴り散らす悪質なクレーマーも増えているようですが、そういうことは絶対にやってはならないのです。

本書のテーマからはずれますが、部下や後輩に仕事を教えるときにも、できれば二人きりでやったほうがいいでしょう。

他の人がいる前で、「もっとこうしたほうがいいよ」と丁寧《ていねい》に教えてあげるのも、親切なことではあるものの、「みんなの前で恥をかかされた」と感じる人がいないわけではありません。特に最近の若者は打たれ弱いところがありますから、注意が必要です。

言い返したいときと同じで、場所を変え、誰もいないところで、「もっと○○してみたほうが、いいんじゃないかな」と教えてあげたほうが、受け入れやすいものです。

あるいは、**メールで指摘してあげる**のもいいかもしれません。

「間違いはその場で指摘したほうがいい」と考えている人は少なくありません。ビジネス書にもそんなアドバイスが載っています。

たしかにそういうケースもあるでしょうが、心理学的に言えば、相手のメンツを潰さない配慮に欠けていると思います。

「筋が通っていること」は大して重要ではない？

自分の意見を述べるとき、たいていの人は相手の「理性」に訴えかけようとするのではないでしょうか。そして、自分の主張にはどれだけの根拠や理由があるのかをくどくどと述べて、納得させようとするのです。

けれども、そのやり方は間違っています。

大切なのは、相手の「感情」に十全な配慮をすること。

相手の気分を害してしまったら、どれだけ正当な根拠や理由があっても、こちらの言い分を聞いてもらえません。

ギリシャにあるパンテイオン大学のコンスタンティナ・プラッサは、一般に交渉においては、認知的な要素や合理的な要素ばかりに注意が向けられているものの、もっと大切なことは相手の「感情」に焦点を当てることであると指摘しています。

「即座に言い返す」のは愚の骨頂？

ものすごく乱暴なことを言うと、人を説得するときには根拠や理由など、あってもなくてもいいのです。

それよりも大切なのは、相手に好かれること。そういう感情的な要素のほうが重要です。

好かれていれば、たとえ根拠などなくても、笑って受け入れてもらえます。「好きな人の言うことなら何でも喜んで聞いてあげたい」と思うのが、人情です。逆に、嫌いな人の言うことは、たとえどれだけ筋が通っていても受け入れないでしょう。

本書は、「言い返す技術」をお教えするものですが、何か言われたときに、すぐに言い返してはいけません。

ムカつくことを言われたときも、です。

なぜなら**自分の言葉や意見にいきなり噛みついてくるような人に対して、私たちが好感を抱くことはない**からです。おそらくはムッとして、どんなに筋の通った話でも受け入れはしないでしょう。

普段の人間関係において、できるだけ好ましい関係性を築いておくことこそが、言い返しを成功させるポイントなのです。

円満な関係を築いておけば、何を言っても許してもらえます。

「○○さん、その意見はちょっと違うんじゃないですか？」と言い返しても、相手は「そうかもしれないな」とすんなり受け入れてくれます。

とにかく「好かれる人柄」を磨いてください。

そういう努力を普段からきちんとしておけば、どんなことを口にしても大丈夫です。相手は笑って受け入れてくれます。

マツコ・デラックスさんは、何でも思ったことを言いたい放題に口に出している印象がありますが、現場では一番格下のアシスタントディレクターにもやさしく声をかけたり、お世話になったスタッフには必ずお礼をしたり、差し入れをしたりと、繊細な気配りができる人です。

そういう人だからこそ、何を言っても許されるのです。

どう言うかは「モデリング」でマスター

自分の周りに、自己主張をするのが上手な人がいたら、その人がどんなふうに人と話をしているかをじっくりと観察してみましょう。何かをお願いするとき、報告するとき、説得や交渉ごとにのぞむとき、そして何かを切り返して伝えるとき……きっといろいろなことが学べると思います。

「なるほど、こんな感じで切り出すのか」
「ふぅん、ニコニコしながら頼めばいいのか」
「なるほど、悪いフィードバックを伝えるときには、よいフィードバックもあわせてするのだな」

参考になることは、山ほど見つかるでしょう。

そして、その人がやっていることをそのまま真似してやってみるのです。それをくり返していけば、自分もその人と同じように自己主張ができるようになります。

心理学では、こうしたやり方を「**モデリング**」と呼んでいます。参考になりそうな人を自分の「モデル（お手本）」にして、徹底的に真似してみるのです。

米国アイオワ州立大学のフランク・グレシャムは、引きこもりの小学生八十名に、クラスの人気者の普段の生活を録画したビデオを見せて、モデリングのトレーニングをしてみました。

人気者は、誰にでも気さくに挨拶をし、相手の話をよく聞き、おもちゃなどは独《ひと》り占めせずに、「一緒に遊ぼう」といった声かけをしたりするのですが、ビデオを見せながら、引きこもりの子どもにも同じようなセリフを言ってもらったりしたのです。

すると、引きこもりだった子どもたちも三週間のトレーニングが終わった頃には、人気者と同じような言動をとれるようになり、クラスでの人気も高くなることがわかりました。物真似作戦は大成功だったのです。

(11)「観察&真似」で技を盗む

まずはモデルとなる人物を選びましょう。

できるだけ身近な人がいいでしょう。そのほうが観察もたやすくできます。モデルは先輩だけでなく、後輩や部下でもかまいません。自分より年が若くても、参考になりそうだと思えるのなら、頭を下げて教えを請《こ》いましょう。

棋士《きし》の米長邦雄さんは、四十六歳のときに当時十九歳だった羽生善治《はぶよしはる》名人に頭を下げて教えを請いました。そして五十歳になって史上最年長名人になったのです。

つまらないプライドを持たず、年下の人からも学べるところは貪欲《どんよく》に学びましょう。

「この人は、とても洗練された自己主張をするな」と感心できるのであれば、相手がどんな人であれ、自分のモデルになってもらいましょう。その人のことを**徹底的に真似していると、そのうちに自分も同じようにできるようになります。**

昔の職人さんたちは、先輩や師匠のやっていることをしっかりと観察し、その技を盗んでいたといいます。

「盗む」というのは、何だか悪いイメージがあるかもしれませんが、技を盗むのは決して悪いことではありません。

自分にとって参考になりそうなことは、どんどん盗ませてもらいましょう。

「自尊心に直結する話題」はアンタッチャブルで

パブリックな話題――天気、ニュースなど――であれば、どんなに自己主張しても、それほど嫌がられることはありません。そういう話は、大多数の人にとっては「どうでもいい」内容であることが多く、何を言われてもそんなに気にならないからです。

けれども、プライベートな話題では違います。

相手の趣味や好きなものについて意見を言おうものなら、相手はムキになって言い返そうとするでしょう。プライベートな話題は、お互いに感情的になりやすいのです。

米国オクラホマ大学のエイミー・ジョンソンは、二百十名の大学生に、それぞれの話題に対して、どれくらい自己主張できそうかを尋ねてみました。

すると、死刑制度、環境問題、麻薬の合法化といった公共的な話題では、「私にも自己主張できそう」という答えが多く見られました。

ところが、恋人とのケンカや、金銭問題、飲酒の習慣、個人の趣味といった非常にプライベートな話題では、「私には、自己主張できなさそう」という答えが返ってきたのです。

「さらりとかわす」のが無難なとき

プライベートな話題について人に意見を言うのは、とてもリスキーです。

プライベートな話題というのは、自尊心に大きくかかわっていることが多く、何を言っても相手が意見を変えてくれることは期待できません。ですので、そういう話題では自己主張を控えたほうがいいのです。

「あんなつまらない男とは、さっさと別れたほうがいいよ」と言われて、「はい、そうですね」とすんなり受け入れる人などいません。たいていはムキになって、彼氏のよいところを一つひとつ挙げるでしょう。

ゴルフが趣味の人に「ゴルフなんて面白くない」と主張するのもやめたほうがいいでしょう。本人は好きでやっているのですから、何を言ってもゴルフをやめることはないと思います。

何かを言うときには、まずはその話題がプライベートなものかどうかを判断しましょう。そして、相手のきわめてプライベートな領域にかかわっていると思われるときには、あえて何も言わないのが賢明です。

やたらとカロリーを気にする人から、一緒に食事をするたびに、

「あなたも摂取カロリーに気をつけたほうがいいよ」

と言われたなら、

「私は、好きなものを好きなように食べたいんだ」

と言い返すよりは、

「そうかもしれないね」

とさらりとかわしておいたほうが無難でしょう。

どうでもいいことで議論をしても、関係がギスギスするだけで、まったく益はありませんから。

「話をさせてあげる」――するといいたいことが言える

良好な関係を築きたいのであれば、とにかく相手にたくさん話をさせてあげることです。こちらが一方的に話してはいけません。

シカゴ大学のウェンディ・レヴィンソンは、プライマリーケア（主に地域の診療所や小病院で行なわれる医療）の医師五十九名と外科医六十五名に、それぞれの診察場面をビデオ録画させてもらい、患者から一度もクレームをつけられたことがない医師と、二回以上のクレームをつけられた医師とでは、どのような違いがあるのかを調べました。

その結果、クレームを一度もつけられたことのない医師は、患者にたくさん話をさせる傾向があることがわかりました。

クレームをつけられたことがない医師は患者にたくさん話をさせてあげるので、その分だけ診察時間も長くとっていました。クレームをつけられたことのない医師のグループの平均診察時間は十八・三分で、二回以上クレームをつけられたことのある医師の平均診察時間は十五・〇分でした。

私たちは、自分の話をよく聞いてくれる人に好感を持ちます。

逆に、一方的にしゃべりまくる人には嫌悪感を持つものです。

とにかく、相手の話をしっかり聞いてください。

「相手の話を遮る」と絶対にうまくいかない

話をたくさんさせてあげればあげるほど、その後にこちらが言い返しても、受け入れてもらえるようになるものです。

しっかりと話を聞いてあげた後であれば、「私は、〇〇さんとは少しだけ違う意見なのです」と切り出しても、ムッとしたりすることはなく、こちらの話に耳を傾けてくれるでしょう。

相手が話している途中だというのに、それを遮《さえぎ》ってこちらが話しだすのは絶対にやめましょう。話の腰を折られて、不愉快にならない人などいません。たいていの人は話の腰を折られると、イライラするのです。

ところで、聞き上手は、まったく自分では発言しないのかというと、そうではありません。話を聞くとき、じっと黙っているわけではなく、相手の言葉をオウム返ししながら聞いているのです。

「腰がひどく痛いんですよ」

「ええ、ええ、腰痛は本当に辛《つら》いですよね」

「ヒザも痛いんですよ」

「ヒザが痛いと、歩くのも大変ですよね」

このように相手の発言をきちんと受け止めながら話を聞くようにしてみてください。そうすれば心を開いてもらえるようになります。

「言っても拒絶されるリスク」を恐れなくていい

私たちは、自分が拒絶されるリスクを過大評価する傾向があります。

私たちが言いたいことをグッと飲み込んで我慢してしまうのも、

「こんなことを言っても、どうせ受け入れてもらえない」

「どうせ断られるに決まっている」

と強く思い込んでいるからです。


たとえば、ものすごく魅力的な女性がいるとして、男性はどれくらいその人を食事に誘うものでしょうか。相当な数の男性が、わらわらと群がってきて、次から次へとその女性を誘うのでしょうか。

おそらく、そういうことにはなりません。

というのも、大多数の男性は、「あんなに魅力的な人が、僕なんかと食事に行くわけがないよ」と最初から諦めてしまい、そもそも食事に誘うことすらしないと予想されるからです。

いわゆる「高嶺《たかね》の花」の女性ほど、現実には、そんなに男性に誘ってもらえないという不思議な現象が見られるのです。

私たちは、自分が断られる見込みを高く見積もり、ビクビクしています。何かを言った後に傷ついたり、慌《あわ》てたりしたくないから、何も言わずに耐えてしまうのです。

でも、**現実には勇気を出して声を上げれば、うまくいく可能性は高い**ということを知っておきましょう。

「相手を傷つけてやろう」と思っている人は少ない

カナダにあるトロント大学のサマンサ・ジョエルは、恋人のいない男女の大学生百三十二名に、失礼ながらお世辞にも魅力的とは言えない異性の写真とプロフィールを見せて、「この方とデートしてもらえませんか?」と聞いてみました。

するとどうでしょう、三七%の人は、「いいですよ」とOKしてくれたのです。六三%には拒絶されたわけですが、それでも四割近くの人がOKしてくれたのです。

ジョエルによりますと、理想のタイプを聞かれると、「魅力的な人がいい」とみな声を揃えて答えるものの、現実には、ごくごく普通の相手でもそんなに断らないのだそうです。

なぜかというと、「相手を傷つけたくない」といった配慮が働くからです。

つまり相手を気遣う気持ちがあるからで、これは異性を誘うというシチュエーションだけでなく、あらゆる人付き合いでも同じです。

「どうせ断られる」

「どうせ自分なんてムリ」

「成功する確率なんて一％以下」

もしそんなふうに**ネガティブなことばかり考えてしまうのなら、「現実は違う」という事実をしっかりと認識しておくべき**です。

「気軽に切り出す」と案外うまくいく

私たちは、どうも他人の善意を低く見積もってしまう傾向があるようです。「どうせうまくいきっこない」と最初から諦めてしまうところがあるのです。

そういう思い込みを改めるためにも、気軽に切り出すクセをつけましょう。「言ったもの勝ち」という言葉もあるくらいですから、諦めモードで口を閉ざしていては損するばかり。

ちょっと勇気を出せば、

「なんだ、けっこううまくいくのだな」

「言ってみるものだね」

ということを実感できるようになります。

コロンビア大学のフランシス・フリンは、実験に参加してもらった大学生に次のような質問をしました。

「さて、これからみなさんには、面識のない人に、十分間のインタビューを依頼してきてもらいます。五人のノルマを達成するのに、何人に声をかけなければならないと思いますか？」

この質問に対し、参加者の見積もりの平均は二十・五人でした。

では、実際にはどれくらいでノルマを達成できたのでしょうか。

正解は、十・五人。実際にやってみると、見積もった人数のわずか半分に声をかけただけで、ノルマをクリアできたのです。

つづく第二実験で、フリンは「他人の携帯電話を借りてください。ノルマは三人。それを達成するのに何人に声をかける必要があると思いますか？」と聞きました。

このときの参加者の見積もりの平均は十・一人。けれども現実には六・二人に声をかけただけでクリアできました。

さらに第三実験として、「非常に遠いところにあるキャンパス施設まで連れていってくださいとお願いしてみてください。ノルマは一人」という課題を出しました。すると参加者は、ノルマをクリアするのに平均七・二人に声をかけなければならないだろうと予想したものの、実際はわずか二・三人に声をかけるだけで達成できました。

人は意外と「聞く耳」を持っている

このフリンの研究でわかるとおり、私たちが思う以上に人は親切で、善意に溢《あふ》れているものなのです。

誰かに意見を述べるとき、**私たちは「どうせ聞く耳を持ってもらえない」などと思い込み、口に出すのを躊躇するもの**です。もちろん、言い方にもよりますが、けっこううまくいくことのほうがはるかに多いということは知っておいて損はないでしょう。

トイレ掃除のような雑務をお願いしたら、たぶんイヤがるだろうなと思うかもしれませんが、軽い気持ちでお願いしてみると、かなりの高確率で「いいですよ」と答えてくれるものなのです。

「適当なところ」で切り上げる

さて、何かを言い返したり、議論したりするときには、相手を「やっつけすぎない」ことが大切です。

相手がぐうの音も出ないほど、叩《たた》き潰してはいけません。「ほどほどのところ」で矛《ほこ》を収めるほうが、恨まれることもなく、その後、お互いに気まずい思いをずっと引きずることもありません。

戦国武将の武田信玄は、「およそ戦《いくさ》というものは、五分をもって上とし、七分を中とし、十分をもって下とす」という名言を残しています。

五分の勝ちを収めれば十分。七分もやっつけるのは、やりすぎだし、完全に叩き潰すのは最悪、という戒《いまし》めです。

「よし、今日こそあの人に言い返そう」と思ったときには、この信玄公の戒めを思い出してください。

相手をこてんぱんに言い負かしてやろうとしてはいけません。

適当なところでさりげなく切り上げたほうがスマートですし、将来的に相手に嫌われたり、復讐《ふくしゅう》されたりすることを防げます。

ほんの一言、二言でも、もう十分

米国ミシシッピ大学のジェフリー・ケリーは、男性モデル、あるいは女性モデルが大きな声で自己主張する様子と、まったく同じモデルが小さな声で抑制的に話す様子をビデオに撮り、それを見た人に印象を聞くという実験を行ないました。

その結果、自己主張をすると、「信頼がおける」「教養がありそう」「知的」「正直である」といった好評価を得ました。

しかし同時に「思いやりに欠ける」「柔軟性に欠ける」「人当たりがよくない」「友好的でない」「人柄がよくない」「一緒にいて快適ではない」といった悪い印象も与えることがわかりました。

自己主張すると、ポジティブな印象を与えることはありますが、それ以上にネガティブな印象を与えることのほうが多いのです。

やりすぎは禁物。

相手が泣き出してしまうほどに、ガミガミと説教する上司がいたら、どう思いますか。好感を持てるでしょうか。たぶん、なるべくかかわらないようにしたいと思うのではないでしょうか。

もともと日本人はそんなに議論好きな国民ではありませんので、**言い返すときもほんの一言、二言ほどを口に出せば、もう十分**です。

「なんだか偉《えら》そうなことを言ってごめんね」
「さんざん上から目線でものを言ってしまったけど、私自身も、まだまだそんなにうまくできるわけでもないよ」

このように矛を収めたり、相手をフォローしてあげたりするくらいのやさしさを見せましょう。

人に何か言うときには、できるだけ内容を絞って、言いすぎないように気をつけてください。

コラム

「攻めの自己主張」と「守りの自己主張」

米国ハミルトン大学のアミー・ガルヴァジオは、自己主張のテクニックについてまとめた論文を発表しています。ガルヴァジオは、「攻めの自己主張」と「守りの自己主張」に分けて、非常にたくさんのテクニックを説明しているのですが、そのうちのいくつかをご紹介しましょう。

「攻めに強い自分」になれるテクニック

❶リバーサル（reversal）……相手の間接的なもの言いを、直接的な表現に言い換えて聞き返すテクニック。

（例）「ごめん、ちょっと忙しくて」

「僕とは映画に行きたくないって言ってるんだよね？」

❷**リピートバック（repeatback）**……こちらの話をきちんと理解してもらえたかどうか自信がないときに、もう一度くり返すこと。

（例）「上手に説明できた自信がないから、もう一度言わせてもらうと……」

❸**強化のサンドイッチ（reinforcement sandwich）**……ネガティブなことをポジティブなことを一緒に（サンドイッチにして）主張すること。

（例）「授業中の討論に積極的に参加してくれてるね。でも、ちょっと皮肉っぽい発言が多いように思うの。次の授業では、他の人が話していることに、もっと耳を傾けてみて」

「守りに強い自分」になれるテクニック

❶**タイムアウト（time-out）**……一時的に、議論や行動をやめるように頼むこと。

（例）「決定に自信が持てないんだ。五分後に電話をかけ直してもいいかな？」

❷**壊れたレコード**（**broken record**）……同じ主張を何度もくり返すこと。

（例）「できない、何度も言うけど、できないよ」

❸**防衛的ネガティブ主張**（**defensive negative assertion**）……ほんの少しのミスで、理不尽なほど怒られたときなどに、非を認めつつ、自分の立場が悪くなりすぎないようにやんわりと反論するテクニック。

（例）「私は、たしかに今回はミスを犯しましたが、普段は失敗したことがありません」

❹**クリッピング**（**clipping**）……「挟《はさ》む」「切る」という意味。発言の真意がよくわからないときに、相手が直接的に要求するまでごまかす方法。

（例）母「お皿を洗っていないわね」

娘「ええ、そうね」

❺**怒りの飢餓《きが》**（**anger starvation**）……相手に、怒りが消失するまでタイムアウトするように求める方法。

（例）「お互いに少し頭を冷やして、それから話し合おう」

❻フォギング（fogging）……「もやで覆《おお》う」という意味。極端な話をして、自信を失わせるテクニック。

（例）「そちらがおそらく一〇〇％正しいのだろうね。私はバカだから」

❼フリッピング（flipping）……「はじきあげる」「はたきおとす」という意味。相手の提案に対して、別の提案を持ちかける方法。

（例）「本当に一緒に出かけたいんだけど、映画は行きたくないんだ。美術館に行かない？」

❽ネガティブ調査（negative inquiry）……より直接的に言ってくれるように頼むテクニック。

（例）「今日はあまりよくないわね」

「何が？　メイク？　それとも洋服？」

「う〜ん、ブラウスが似合ってないのかも」


これらのテクニックも、どんどん試してみてください。

第5章

少々のイザコザなんか平気、平気

「自己主張がうまい人」の生き方

「過去の後悔」より「今後の課題」

この章では、日々さまざまな人付き合いのトラブルや人間関係のイザコザがあってもめげずに生きていく、つまりどんなときでも人生をポジティブに生きていくための自己主張のコツ、マインドの持ち方についてお伝えしていきます。

過ぎ去った時間は、巻き戻すことができません。

ですので、過去について思い悩むのは、時間のムダといえます。

英国エクセター大学のキャサリン・ピアソンは、うつ病で通院している二十二名と、人生で一度もうつ病になったことのない二十八名の比較研究をしました。すると、うつ病の人のほうに、「思考の反芻《はんすう》」が多く見られました。「思考の反芻」というのは、過ぎたことを何度も何度もくり返し振り返ることをいいます。

ピアソンはまた、思考の反芻ばかりしていると、人に拒絶されることに敏感になる傾向があることも明らかにしています。つまり、ちょっとしたことで「あの人に嫌われた」「攻撃された」と思いがちになる、ということです。

「何であんなことを言ってしまったのだろう」

「口は禍《わざわい》の門《かど》っていうけど、本当だ……」

「ああ、あのとき別の言葉を使ってさえいれば……」

こんなふうに考えていたら、人に会うのも怖くなってしまいますし、言いたいこともきちんと言えなくなってしまいます。

「エネルギーの使いどころ」を間違えない

過去を振り返って、いつまでもウジウジ、クヨクヨと思い悩んでいても、どうしようもありません。

そうではなく、**「今後の課題」に意識を向ける**ようにするのです。

「次に、同じ状況になったら、こういう感じの言葉を口に出そう」という具合にです。


反省はいりませんが、「今後どうすればいいのか」を考えておくことは必要です。思い悩むエネルギーを、もっと前向きで、もっと建設的なところで使うようにすることです。

「どうも私は思ったことをすぐに口にしてしまうようだ。だから、**人に何か言われても、すぐに返すのはやめて、しばらく間を置いてから返すようにしたほうがいいのかも**」

このように将来に向けて建設的に考えるようにしてください。


人間関係で失敗をしたときには、将来に向けてどうすればいいかを考えるよいチャンス。どんどん失敗して、そのたびにどうすればよいのかを考えればよいのです。過去を思い悩む時間や労力はまったくのムダでしかありませんが、将来の自分の課題を考えることは、非常に有効です。

そうしていれば、人間関係に傷ついて「言い返してやる！」と悶々《もんもん》とする時間も減り、自分を向上させていくことができるでしょう。

相手の「言い分」は一応聞いておく

本書は、タイトルにもあるとおり「言い返す」スキルをお教えするものですが、相手が話しているときには、真剣に耳を傾けることが大切です。

まだ相手が話している途中だというのに、

「ああ、それはダメです……」

と話の腰を折るようなことをしてはいけません。

また、

「どうやって言い返してやろうか……」

などと考えていると、どうしてもうわの空になり、話の内容を理解できなくなります。

これでは効果的な言い返しもできないでしょう。

相手が上から目線であろうが、自慢話ばかりであろうが、まずはきちんと聞くことです。

話をしっかりと聞いてあげればあげるほど、相手は嬉しく思うはず。その結果、こちらが何か言い返しても受け入れやすくなるのです。

米国マサチューセッツ州にあるベス・イスラエル・ディーコネス・メディカル・センターのマイケル・ドセットは、胃食道逆流症の患者二十四名を診察している医師について分析を行ないました。

すると、診察にたっぷりと平均四十二分も時間をかけたグループの患者は、平均十八分しか診察しなかったグループの患者に比べ、二倍も「症状が軽くなった」と答えることがわかりました。

患者の話を医師がじっくりと聞いてあげるだけで、治療効果が高まってしまうのですから驚きです。

⑪まずはこちらの「受け入れ姿勢」を整える

まずは、相手を「受け入れる姿勢」になること。

そうして初めて、相手も聞く耳を持つのです。

いいかげんな態度で話を聞いていたら、相手も不愉快に思うでしょうし、次にこちらが何か意見を述べたとしても、おそらくは受け入れないでしょう。

冷たい態度をとっていたら、相手だって冷たい態度を返してくるに決まっています。

かりに「間違いを指摘してあげたい」と思っても、口を開くのは、相手がすべての話を終えてから。

どのような職場、人間関係であれ、「相手の話をしっかり聞く」ことは、非常に重要なスキル。

たいていの人は、相手の話を聞かずに自分ばかり話そうとします。そこに気づいて相手にたくさん話をさせてあげることで、結果的にあなたのほうが心理的に優位な立場に立っていたりするのです。

「誰かとおしゃべりする」練習

相手の気分を害することなく、上手に自分が言いたいことを言える人には、ある共通する特徴があります。それは、ものすごく人脈が広いこと。

数多くの人と付き合っていると、ごく自然に人付き合いのスキルが身につきます。普段の生活の中で、コミュニケーションの訓練ができるからです。

それはちょうど、自宅から最寄り駅までかなりの距離を歩かなければならない人は、自然に体力や筋力がつくのと同じです。わざわざ鍛えようとしなくても、日常生活の中で体力も筋力もついてしまうのです。

昔の人は、わざわざ人付き合いのスキルなど磨こうとはしませんでした。というのも、兄弟や姉妹がたくさんいましたし、祖父母と同居も当たり前で、自宅で生活しているだけで、人付き合いのスキルを磨けたからです。

ところが最近は、兄弟姉妹の数も減り、大家族でもなくなりました。さらに少子化の影響で学校はクラスの人数も減り、習いごとや塾通いの影響で、放課後にみんなで遊ぶ機会も少なくなりました。

そのため、「誰かとおしゃべりする」絶対量が減ってしまい、コミュニケーションのとり方を学ぶ機会が激減し、コミュニケーション不全症候群の人が増えてしまったのです。

会話の「勘どころ」はこうしてつかむ

現代では、自分から積極的に人付き合いを増やす努力をしないと、いつまで経っても人付き合いのスキルを身につけることはできません。

ですから、**いろいろな人に自分からどんどん話しかけ、人付き合いの練習の絶対量を増やそうとする努力が必要**です。

米国イリノイ大学のゲイリー・ラッドは、親にたくさん話しかけてもらっている子どもほど、幼稚園での人気が高くなることを明らかにしています。親と話しているだけで、子どもはいつの間にかコミュニケーション能力が高くなり、だから人気者にもなれるのです。

「人付き合いなんて面倒くさい」
「一人でいるのが一番ラク」

そんなふうに考えていたら、人付き合いのスキルを磨けるわけがありません。機会をとらえて積極的に話しかけ、とにかく幅広い交友関係を持つようにしてください。練習の総量を増やせば、それだけ会話の勘どころのようなものも理解できてくると思います。

「力関係」の強い、弱いがあるとき

あなたがいつも言われっぱなしで悔しく、自分がふがいなく思えてしょうがないという相手は、もしかしたら力関係があなたより上の人かもしれません。

立場が上の相手に言い返すなんてできないとストレスをため、穏便にすませよう、安全なところから出ないようにしようと思ってきたことでしょう。

ですが、人は「慣れる」生きもの。

言い返す頻度が増えれば増えるほど、「こんなことを言ったら自分の立場があやうくなるのでは？」という不安は薄れていきます。ちょっと緊張することであっても何度か経験していくうちに、私たちはその不安に慣れてしまうのです。

心理セラピーには、不安をなくすための方法として、「**曝露療法**《ばくろ》」と呼ばれるテクニックがあります。不安なことをあえてやってもらうことで、不安をなくすことがその目的です。

たとえば、高所恐怖症の人を、高い建物のベランダや屋上など、高いところに連れていき、その不安に少しずつ慣れてもらいます。これが曝露療法です。

不安だからこそ「あえてやってみる」

英国オックスフォード大学のエイドリアン・ウェルズは、社交不安障害と診断された患者に、この曝露療法を行ないました。

まずは自分が人付き合いのどんなことに対して不安を感じるのかを、どんどん列挙してもらい、さらにそれぞれの不安に対して、百点満点で不安の強さを数値化してもらったのです。最後に、小さな不安から大きな不安までの階層表を作ってもらいました。

例を挙げると、こんな感じです。

★「私が不安に感じること」　不安の強さ

「混んだお店に一人で入る」（五点）

「知らない人に話しかける」（二十点）

「会議で議事録を声に出して読み上げる」（五十点）

「職場全員の前でスピーチをする」（八十点）

次に、**不安が強くないことから少しずつ順次やってもらう**と、もともと七十点や八十点だった不安が、十点とか二十点にまで減少することがわかりました。

不安だからといって、そういう状況から逃げていたら、いつまで経っても不安を消すことはできません。不安だからこそ、本当は、どんどん経験するようにしたほうがよいのです。

食べ物の好き嫌いをなくすのと同じです。

嫌いだからといって、いつまでも食べなければ好き嫌いをなくすことはできません。嫌いな食べ物でも、ムリに口に入れるようにしていれば、そのうち慣れます。いや、慣れるどころか好きになることさえあります。

私はゴーヤが苦手でしたが、何度も食べているうちに、むしろ好きな食べ物になってしまいました。

同性と話すのは何ともないけれども、異性に話しかけるときには、顔が真っ赤になって、しどろもどろになってしまうというのなら、あえて異性に話しかけるようにしてみてください。異性のスタッフのいる美容院に出向いてどんどん話しかけたり、職場の異性に自分から挨拶をしたりするのです。

不安なことから逃げていても、不安は消えません。不安だからこそ、あえてやってみる。これが正解です。

「私の言葉は聞き入れられて当然」と思っていい

「自分は価値のある人間である」

「私は自分を誇りに思う」

そういう気持ちを持つことは非常に大切です。なぜなら、自分を大切に思えて初めて、自分の意見を堂々と言えるようになるからです。

「自分なんて……」と自分のことを「なんて扱い」している人が、自分の意見をはっきりと言えるものでしょうか。

自己卑下《ひげ》がクセになっている人は、一度立ち止まり、自尊心を高める努力を始めなくてはなりません。

組織の中で職位の高い人は、自然と自尊心が高くなります。地位が上がると、下の人間がチヤホヤしてくれることが多くなるためです。そのせいでしょうか、自分の意思をはっきりと伝えることに遠慮がなくなっていくことが明らかにされています。

自分にとって「都合のいいように」考えてみる

台湾にある国立中山大学のウェン・ビン・チオウは、三百六十名の飛行機の乗客に、自分が理不尽な要求をしたときに、どれくらい航空会社の人に応じてもらえると思うか尋ねてみました。

「荷物の重量がオーバーしているので追加料金を払わなければならないのだが、払わずにすませたいから何とかしてくれ」というもので、自分にだけ都合のいい要求です。

チオウは、座席のランクに応じて自分の要求が受け入れられると思う度合いを測定しました。すると、ファーストクラスで七・七、ビジネスクラスで七・二、エコノミークラスで三・八という結果になりました。

ファーストクラスを利用するほどのお金持ち、あるいは地位が高い人は、「こんなお願いをするのは厚かましいかな?」と思えるようなことも、「聞き入れられて当然」と思うようです。

厚顔無恥《こうがんむち》だといえば、まことにそのとおりなのですが、それくらい堂々と自分の要求を言えるのはたいしたものだ、とも言えます。

「シンクロニー」を利用して自分優勢の流れを作る

職場によっては、毎朝、社員みんなでラジオ体操をしたり、社歌を歌ったりするところがあると思います。

そういう儀式を「バカバカしい」と思う人もいるでしょうが、私はそうは思いません。そういうことは、どんどんやったほうがいいと思っています。

なぜなら、同じリズムで行動していると、お互いに一体感を覚えますし、親しみも感じるようになるからです。

職場の雰囲気がとてもよい会社ほど、みんなで揃って何らかの儀式をやっているものです。

ハーバード大学のピエルカルロ・ヴァルデソロは、実験で参加者にペアを組んでもらい（ペアになる人は実験協力者のサクラです）、ヘッドホンから聞こえてくるリズムに合わせて、テーブルを棒で叩いてもらいました。

参加者は二つのグループに分けられ、一方のグループは、ヘッドホンからペアの相手と同じ曲が流されました。そしてもう一方のグループでは、ペアの相手と違う曲が流されました。

このリズム実験が終わったところで、サクラは、

「僕はこの後に他の実験にも参加することになっているのですが、よかったら手伝ってくれませんか？」

とお願いしました。

するとサクラと同じ曲を聞きながらテーブルを叩いたグループでは、三十五人中十七人が快くＯＫしてくれました。一方、違う曲を聞きながらテーブルを叩いたグループでは、三十四人中六人しかＯＫしてくれませんでした。

私たちは、**同じリズムで行動していると、その人に親しみを感じて、相手のお願いを聞き入れやすくなる**のです。

「ムリなお願い事」でもスンナリ通すコツ

人に何かをお願いするとき、こちらの要望を通そうとするときには、できるだけ相手のリズムに合わせると、うまくいく可能性はアップするといえます。

早口で話す人には、こちらも早口で話しかけます。

のんびり屋さんには、のんびりと話しましょう。

小さな声で話す人には小さな声で、陽気な声で話す人には陽気な声で話しかけるのです。

そうやって**相手のリズムに合わせてあげたほうが、効果的に言い返すこともできますし、説得もうまくいく**ものです。

このような現象は、「**シンクロニー**」と呼ばれています。

懇親会などで、一緒にカラオケを歌った後などはお互いに親密感を覚えるでしょうから、ムリなお願い事などはこうしたタイミングですするとよいでしょう。やはりシンクロニーが起きるので、親密になるようなことを何も行なっていないときよりは、うまくいく見込みがはるかに高くなります。

「頭コチコチ頑固な人」にどう対処する?

さて、本書は「言い返す」スキルをお伝えする本ではありますが、「言ってもムダな人」というのは残念ながら一定数います。

その数は女性よりも男性のほうが多いようです。男性と女性を比べると、男性のほうが競争的で、攻撃的で、自分の意見を変えません。男性のうちでも、特に男性ホルモンが過剰に分泌《ぶんぴつ》されているような人は、とりわけ頑固です。

そういう人は、こちらの意見にはどうせ耳を貸してくれませんから、最初から議論をしないようにしましょう。時間や労力、そして精神エネルギーをムダに浪費せずにすみます。

ロンドン大学のニコラス・ライトは、三十四名の女性の実験参加者に十七組のペアになってもらい、片方には男性ホルモンの一つであるテストステロンが八〇mg入ったカプセルを、もう一方には、砂糖や小麦粉しか入っていないプラシボ（偽薬《ぎやく》）のカプセルを飲んでもらいました。

それから参加者は坂道の画像を見て、その坂道の角度が何度くらいだと思うのか、ペアを組んだ相手と話し合いをしました。

その話し合いを分析したところ、テストステロンを摂取した人たちは、自分の判断を決して譲らないことがわかりました。

ペアの相手が、

「私はこの坂道は二十度くらいだと思うけど……」

と自分の意見を述べたとしても、

「いいえ、私は十度だと思う！」

などと強く自己主張して譲らなかったのです。

「男性ホルモン多めな人」に議論を吹っかけるな

この実験でわかるとおり、テストステロンは人を頑固にさせます。

女性でも、テストステロンが多く分泌されている人は、やはり頑固でしょう。

というわけで、**男性ホルモンが多そうな人には、できるだけ議論を吹っかけたり、言い返したりしないほうがいい**かもしれません。

説得しようとどんなに頑張っても、そもそも人の意見を聞こうという姿勢になってくれませんから。

男性ホルモンの分泌量が多い人には、体毛が濃いとか、アゴががっちりしているとか、エネルギッシュで体温が少し高めなため、冬場でも汗をかきやすいといった特徴があります。そういう点に注目すれば、男性ホルモンが多く出ている人なのかどうかをある程度は判断できるでしょう。

ただし、「男性ホルモンが過剰分泌されている人ほど、頭がハゲやすい」という説はどうも誤りなようです。

男性ホルモンは人を頑固にさせますが、それでは女性ホルモンはどうなのでしょうか。

いくつかの研究によると、女性ホルモンの一つであるオキシトシンが多く分泌されている人は、人にやさしいそうです。

男性であっても、性格が温和で、女性的なやさしい顔だちの人はオキシトシンがたくさん分泌されていると考えられますから、そういう人には、意見を述べてもかまわないでしょう。きちんと相づちを打ちながら、こちらの話を聞いてくれるはずです。

まあ、こういう人であれば「あの人に言い返したい！」と思うことは、そもそもないかもしれませんね。

コラム

「生理的にムリ」な相手への対処法

「こういう人ってなんだか苦手だな」
「私とは肌が合わないみたい」
「何となく生理的にムリ」

人生においては、いろいろな人との出会いがあり、中には、こんなふうに自分に合わない人もいるでしょう。嫌悪感から「口もききたくない」と思うこともあるかもしれません。

かりに嫌いな人や苦手なタイプに出会ったとしても、近寄らずにずっと無視できるのであればよいのですが、そうは都合よくいかないときもあります。仕事上、嫌いな人と組まざるをえないこともあるでしょう。

このような場合、どうすればいいのでしょうか。

実は、相手を好きになるとっておきの秘策があるのです。

それは「**ラビング・カインドネス・メディテーション（LKM）**」というテクニック。直訳すれば、「**親愛の瞑想《めいそう》**」。ちょっとわかりにくい名称ですが、具体的なやり方をお教えしましょう。

まず、自分が自分の一番好きな人と並んで立ち、ものすごくいい笑顔を見せながら肩を組んだり、腕を組んだりしているところをイメージします。

十分にイメージできたら、次に、自分の苦手な人と並んで立ち、好きな人と同じように肩を組んで笑っている姿をイメージします。

すると、なぜか嫌いな人に対して、親しみや結びつきを感じるようになるのです。

スタンフォード大学のセンドリ・ハッチャーソンは、その人が知らない人の写真を見せてどれくらい好ましく思うかを聞きました。

次に、自分の好きな人と自分が並んで立っているところをイメージしてもらいました。時間は四分間。それから、好きな人を写真の人に入れ替えて、写真の人と自分が並んで立っているところをイメージしてもらいました。

そして、最後にもう一度、写真の人を評価してもらうと、二回目の評価は一回目の評価よりもよく、「好ましく感じる度合い」が強まることがわかったのです。ラビング・カインドネス・メディテーションはたしかに効果的だったのです。

たとえイメージの世界であっても、苦手な人とベンチに座って楽しく談笑しているところや、嫌いな人と自分がハイタッチしている姿を思い浮かべていると、嫌悪感が和《やわ》らぎ、むしろ好ましく思えるようになるようです。

スポーツ心理学の世界では、たとえばバスケットボールのフリースローが成功する場面を頭に思い浮かべる練習をすると、本当にフリースローの成績がよくなることが明らかになっています。いわゆるイメージ訓練です。

このテクニックは、人付き合いにも応用できるのです。

苦手な人や嫌いな人が多くいる人は、ぜひこのやり方を試してみてください。

第6章

いつでも誰とでも対等に「気が通じる人」が増えていく

真正面ではなく"搦め手"から攻める

アメリカやイギリスでは、はしかにかかる子どもが増えているそうです。「ワクチンは自閉症を引き起こす」という科学的な根拠がまったくない情報を親が信じて、自分の子どもにワクチンを打たせないためです。

私たちは、いったん信じ込むと、なかなかその信念を捨て去ることができません。「ワクチンが自閉症を引き起こすという説は、科学的には完全に否定されているのですよ」とどれだけ言われても、自分の意見を変えません。

あなたの周りにいる「自説」を押しつけてくるような人、いつも同じ話ばかりして人を憂《ゆう》うつな気分にさせる人も、何かの「信念」を捨て去れないでいるのでしょう。

「自説を押しつけられるのは、相手にとってはうっとうしいことだ」

と気づかないほどに……。


では、どういう言い方をすれば、そういう人が自分の信念を捨ててこちらのことも考えてくれるようになるのでしょうか。

その方法の一つは、**その人の信念を変えようとするのではなく、別の信念を持つように仕向ける**ことです。


米国イリノイ大学のザッカリー・ホーンは、「ワクチンは自閉症を引き起こす」という誤った信念を持つ八百十一名の親に、二種類のメッセージを与えて、その説得効果を調べてみました。

一つは、「ワクチンは自閉症を引き起こしません」というメッセージ。

もう一つは、「はしかが、いかに子どもの生命を危険にさらすか」というメッセージです。

すると、後者のほうが、子どもにワクチン接種を受けさせたいという気持ちを高めることがわかりました。

111「誤りを指摘」ではなく「別の利益を提示」する

人に言い返すときには、その人の誤りを指摘するよりは、考えを変えてくれた場合の別の利点を教えてあげるとうまくいくかもしれません。

自説を延々と力説する人に「あなたの意見は間違っています」と言っても、おそらく説得できないでしょう。

人の信念を変えるのは、かなり大変なことですから。

そうではなく、「こんなふうにすると、こういう利益がありますよ」と利点を示しながら誘導するほうが、説得はうまくいくでしょう。

たとえば、「テレワークは社員の生産性を下げる」と信じている経営者には、「テレワークにすれば、社員に交通費を支給しなくてすむようになるんですよ。かなりのコストカットになりませんか？」

と言うほうが、「それもそうだな」と相手が受け入れる可能性が高まるでしょう。

人の信念に、真正面から立ち向かってはいけません。搦《から》め手から攻めるというか、思いもよらぬところから攻めたほうが、説得はうまくいくのだということを覚えておきましょう。

「徒党を組む」のもアリ

「**数は力**」という言葉があります。一人ひとりの力は弱くとも、大勢で集まると大変な力が生まれるということです。

地位や職位が上の人に物申すには相当な覚悟がいりますが、大勢で徒党を組んで意見を言うのであれば、そんなに難しくありません。

自分より強い立場の人、力関係が上の人に何かを言うときには、周囲の人に援護射撃をしてもらいましょう。

たとえば、会議のときには、自分が意見を出したら、

「私もそう思っていました！」
「すごくいいアイデアだと思います」
「異議なし！」

と他の参加者にも声を合わせてもらうよう、あらかじめお願いしておくのです。そうすれば、地位が上の人の意に沿わない発言をするのも難しくありません。

私たちには、「他の人と同調するのが基本」という心理的な傾向があるので、たとえ立場が上であっても自分だけが反対意見を言うのは、かなりプレッシャーの大きいことなのです。

米国ミズーリ大学のドナルド・グランバーグは、米国最高裁判所の一九五三年から二〇〇一年までに行なわれた陪審員《ばいしんいん》による四千百七十八回の判決投票において、九人の陪審員の意見がどのように割れたのかを調べました。

その結果は、全員一致が三五％。意見が割れたケースを見ると、五対四が二一％、六対三が二〇％、七対二が一四％、八対一はゼロでした。

注意してほしいのは八対一がゼロであること。陪審員は、独自の判断をしてもよいはずですが、自分一人だけが他の陪審員と違う判断をするのは相当に難しいことがわかります。

「他のみんなが賛成」していると、私たちは自分も賛成しておいたほうが無難だと考えます。こういう現象は、**「同調圧力」**と呼ばれています。

「根回し」と「同調圧力」で撃破！

会議で自分の意見を通したいときには、とにかく片っ端から根回しをして、同調してくれるようにお願いしておくことを忘れてはいけません。そういう下準備をしておかずに、いきなり自分の意見を述べても、うまくいかないからです。

「根回し」という言葉は、どちらかというとネガティブなニュアンスで使われることが多いのですが、仕事ができる人ほど、きちんと根回しをしているものです。

根回しをしておけば、反対されることは少ないですし、自分の意見を通そうとすることで嫌われることもありません。つまり、後々の面倒を避けることができるのです。

たとえば新しい試みなどせずに、現状のシステムをそのまま維持するほうがよいと思うのであれば、「もし社長がシステムを大幅に変えようと提案してきたら、全員で声を合わせて反対しよう」と根回しをしておけば、社長の意見に反対するのも、そう難しくはありません。

大きな力に立ち向かうためには、徒党を組むことも一つの策です。

みんなで意見をすり合わせておけば、反対意見を述べることをそんなに恐れずにすみます。「赤信号、みんなで渡れば怖くない」という言葉もありますが（お笑いコンビのツービートのネタでした）、みんなの力を結集すれば、相当に大きな力にできます。

「ことわざ」の不思議な力を借りる

言い返すときのテクニックとして、ことわざや慣用句を使うのも有効です。

「自分はこう思う」と意見を述べるよりも、ことわざに語らせたほうが受け入れてもらいやすいからです。

「ダラダラ仕事をするのをやめなさい」

と言われたらカチンとくるかもしれませんが、

「『時は金なり』っていうくらいだから、さっさと終わらせようよ」

と言われたのであれば受け入れやすくなるというものです。

ことわざのよいところは、そのほとんどに、反対の意味のことわざもあること。つまり、**自分にとって都合のよいことわざをいつでも好きなように引っ張ってくることができる**のです。

たとえば、部下や後輩にもっと仕事に慎重に取り組んでほしいのなら、「急がば回れ」を、反対に、もっと早くやってほしいのなら「善は急げ」を使えばいいのです。

この「説得力」を生かさない手はない

ことわざには不思議な力があり、ことわざで示されると私たちは何となく納得してしまうものですが、これは心理学の研究で明らかにされています。たとえ架空のことわざでもそうなのです。

英国レスター大学のカール・テイゲンは、二十九のことわざと、その意味を反対にした架空のことわざを実験参加者に読んでもらい、どれくらい真実を言い当てていると思うかを尋ねました。すると、どちらでも「真実だと思う」という答えが返ってきたのです。

「信じるものは、天国へ行ける」も「信じていると、地獄に落ちる」も、どちらも真実っぽく聞こえるのです。


架空のことわざであっても、「ことわざっぽく聞こえる」のであれば、それでかまわないのかもしれません。どんなに探しても適当なことわざが見つからなかったら、いっそのこと自分で勝手にことわざを作ってしまうのも面白いかもしれません。

〝ことわざ〟を使って話せば、それだけで説得力が増すのですから。

普段から使えそうな「言い回し」をインプットしておく

書店に行けば、ことわざや慣用句の辞典のようなものが見つかるでしょうから、時間のあるときにはそういう本に目を通しておくといいでしょう。いろいろなことわざを知っていれば、いざというときにサッと口に出すことができますから。

あるいは、ことわざや故事成語《こじせいご》クイズの無料アプリをダウンロードしておき、通勤のときや昼休みに、そういうアプリで遊んでみるのもいいかもしれません。

普段からいろいろな言い回しを学ぶようにしておくと、教養も身につきますし、人を説得する技術を磨くこともできるでしょう。

たくさんのことわざを知っておけば、言い返すのも容易になります。

「昔から○○っていうくらいなんだから」とことわざを引いて言い返すようにすれば、相手も「それもそうだな」と納得してくれやすくなるのではないかと思われます。

「オープンな質問」で相手をいい気分にできる

さて、心理学の本でよく出てくる「質問」のテクニックも場の空気を和ませ、自分の言いたいことをスンナリ受け入れてもらうために効果的です。相手にたくさん話をさせていい気分になってもらう、という作戦に使えるのです。

質問には、「はい・いいえ」で答えられるものと、自由に回答できるものの二種類があります。

前者は「クローズド質問」、後者は「オープン質問」と呼ばれています。

そして、できるだけたくさん話をさせたいのなら、オープン質問のほうがよいでしょう。「はい・いいえ」で答えられる質問ですと、一瞬で会話が終わってしまうからです。

米国ラトガース大学のジェフリー・ロビンソンは、風邪《かぜ》や発疹《ほっしん》など、症状があまり重くない患者百四十二名に、主治医についての満足度を聞いてみました。また、患者を担当している医師二十八名に、最初の診察でどのような質問をするのかも聞きました。

その結果、患者の満足度の高い医師は、

「今日は、どうなさいました？」

といったオープン質問を心がけていることがわかりました。


逆に、患者の満足度がイマイチの医師は、クローズド質問をしていました。

「鼻の問題ですね？」

「ノドが痛いんですよね？」

というようにです。

どうしてクローズド質問では患者さんの満足度が下がるのでしょうか。

その理由は、医師が一方的に決めつけているため、独善的で、患者の気持ちを無視しているように感じさせてしまうからです。

「決めつけられる」とカチンとくる

というわけで、**人に好印象を与えて自分の主張をスンナリ通したいのであれば、できるだけオープンな質問をする**ようにしましょう。

たとえ相手の答えが何となくわかったとしても、「○○でしょ？」と決めつけてはいけません。自分の予想が外れることもありますし、決めつけられて嬉しい人はいません。むしろ、カチンとくることのほうが多いのです。

オープンな質問をして、できるだけ自由に答えてもらいましょう。そういう質問をするように心がけるだけで、読者のみなさんの人気度や魅力度は、今よりも相当にアップすると思います。

アイルランドにあるアルサー・ポリテクニックのO・ハージーは、高校の先生に、クローズド質問でなく、オープン質問をするように指導したところ、生徒たちからの評価が高まった、と報告しています。

オープン質問は、おそらくはどんな業界で働く人にでも役に立つテクニック。「はい・いいえ」で答えられる質問はできるだけやめて、自由な回答を引き出すオープン質問を増やしてみてください。

心理的距離を近づける簡単な方法

飲食店でお水をもらおうとして、「すみません、お水ください」とお願いしたとき、店員さんから「おヒヤですね」と言われたら、どう感じますか。あるいは「持ち帰りでお願いします」と頼んだときに、「テイクアウトですね」と切り返されたら、どんな気持ちになるでしょうか。

何となくモヤモヤした気持ちになりませんか。

会話をしているとき、むやみに相手の反発を引き出すのはまったく得策ではありません。気がついたら自分の要望をスンナリ通している人ほど、些細《ささい》なことに気を配っています。その一つが、**相手と同じ単語を使う**ようにすること。

そのほうがお互いの心理的な距離が縮まり、こちらの要望を聞いてもらいやすくなるからです。

米国テキサス大学のエイミー・ゴンザレスは、同性同士で四人から六人のグループを作って、二十二個の課題について、グループで話し合って答えを推測してもらいました。

グループで話し合う課題は、「二〇〇六年度のデータで、アメリカでもっとも健康的といえる州はどこ？」「カリフォルニア州で、自動車を所有している人の数と、名前がMで始まる人の数は、どちらが多い？」といったユニークなものでした。

話し合いが終わったところで、メンバーにどれくらい絆《きずな》やつながりを感じるのかを調べるとともに、話し合いにおけるグループでの発言記録から、お互いに使う単語の一致度も測定しました。

その結果、メンバーで同じ単語を使いながら話し合いをしたグループほど、他の参加者に絆やつながりを感じやすいことがわかりました。

互いに同じ単語を使うと、簡単に仲良くなれるのです。

さりげなく「同じ表現」を使う効果

「率直に言うと」という表現をよく使って話す人には、こちらも「率直に言うと」と、さりげなく同じ表現を使ってみてください。ほんのちょっとしたテクニックですが、相手との関係は良好になります。


もう一つ別の研究もご紹介しておきます。

オランダにあるラドバウド大学のリック・ファン・バーレンは、とあるレストランに実験協力をお願いしました。お客がフライドポテトを注文したとき、店員に注文を復唱してもらう、という実験です。

オランダ語では、フライドポテトのこと「フリット」あるいは「パタット」と呼ぶのですが、お客が「フリット」と注文したら、「はい、フリットですね」とそのまま同じ単語で確認するグループと、「はい、パタットですね」と違う単語を使うグループに分けて比較したのです。

その結果、お客と同じ単語を使ったほうが、店員が受け取るチップは一四〇%もアップすることがわかりました。

相手と同じ単語を使えば、親しみや愛情を感じさせることができます。

わざわざ言い換えようとせず、相手が使う言葉をそのままこちらも使うようにしてみてください。そのほうが好印象を与えることができます。

一瞬で表現がソフトになる「クッション言葉」の効果

意見を述べるときには、**クッション言葉**を使うようにするといいですよ。

クッション言葉とは、次のような表現です。

「もし勘違いなら申し訳ないのですが」
「私が間違えているとは思うのですが」
「バカバカしいと一笑に付されるかもしれませんが」
「ひょっとすると気分を害されるかもしれないのですが」

冒頭にこんな一言を置くようにすると、表現が非常にソフトな印象になり、受け入れてもらいやすくなります。

フランスにある南ブルターニュ大学のニコラス・ゲガーンは、男女の歩行者に声をかけ、病気の子どものための団体への寄付を二つの方法でお願いしてみました。

一つは、クッション言葉を使う方法です。「**お断りいただいても全然かまわないのですが**」と一言、断りを入れてから寄付をお願いしました。

一方では、クッション言葉を入れずに、いきなり寄付を求めました。

その結果、クッション言葉を使ったときは、三百二十名のうち百二十五名が寄付に応じてくれました。割合でいうと三九・一％です。

クッション言葉がない場合は、声をかけた三百二十名のうち、寄付に応じてくれたのは八十人。割合でいうと、二五％という結果になりました。

最初に柔らかなクッション言葉を使ったほうが、受け入れてもらいやすくなるということが実験的に明らかにされたといえるでしょう。

相手を怒らせないための「保険」

人の意見に反論するときには、ぜひ次のようなクッション言葉を入れておきましょう。

「ケンカを売っているなんて思ってほしくないんだけど」
「あなたのことが嫌いだと誤解してほしくないんだけど」
「あなたに含むところなんてまったくないと最初に断っておくけど」

こういうクッション言葉を入れておけば、不愉快にさせてしまうリスクを大幅に軽減できます。

クッション言葉は不要だといえば不要なのかもしれませんが、念のための予防というか、保険のようなものだと思ってください。クッション言葉を入れるかどうかで、相手の態度もまったく違ってくるでしょう。

相手を怒らせないためにも、念のために必ずクッション言葉を置くクセをつけてください。

年長者だったり、地位が上だったりする人に対しては、なおさら念には念を入れてクッション言葉を入れておいたほうが無難です。

「他の誰かのため」と考えると勇気が湧いてくる

基本的に看護師は、医師の指示に逆らえません。

医師の指示が、明らかに間違いである場合でもそうです。医師は治療に全責任を負っており、看護師の裁量は限られているからです。

米国シンシナティ大学のチャールズ・ホフリングは、医師を装って看護師に明らかにおかしな指示を出す実験をしました。

ホフリングは、看護師の集まるナースセンターに電話をかけ、こんな指示を出しました。

「医師のハンフォードだが、患者のカールソンさんにアストロテンという薬を与えてほしい。アストロテン二〇mg、四カプセル。私は十分後に行くので、そのときに処方箋《しょほうせん》の指示書にサインをしよう。しかしもう、投与を始めてほしいんだ」

聞き覚えのない声の、電話での指示です。しかも看護師が薬をとりに行くと、アストロテンの箱には、二〇mgが致死量であることがはっきりと書かれています。

にもかかわらず、二十二人の看護師のうち、なんと二十一人がその致死量の薬を投与しようとしたのです。もちろん、実験ですので、看護師が薬を投与する直前にホフリングのアシスタントが止めたのですが。

これなら「声を上げる」ことができる

では、看護師はいつでも言いなりなのでしょうか。

いいえ、そうではありません。

オーストラリアにあるサンシャイン・コースト大学のジュリー・ハンソンは、五百三十五名の看護学部の一年生に、「患者のため」という心構えが大切だという指導を行ないました。すると、明らかにおかしい指示の場合には、たとえ医師の指示でも反対することができるようになることがわかりました。

「自分のため」でなく、他の誰かのためだと思えば、私たちは自己主張できるようになります。

通常、地位が上の人に反対するのは難しいと思いますが、自己保身のためではなく、「お客さまのため」と考えるようにすれば、声を上げることもできるようになるかもしれません。

「私は、自分のためではなく、他のみんなの声を代弁しているだけ」と考えれば、会社内の問題について、地位が上の人にも意見を言うことができるでしょう。私たちは、自分のためではなく、「他の誰かのために」と考えたほうが、行動を起こしやすいようです。

仕事でも、「自分のため」だと考えていると、あまり本気になれませんが、「愛する家族のため」だと考えるようにすると、真剣に取り組むことができるようになるものです。

「年配者」に言いやすくなるいい方法

同じ職場の年配者に話しかけるときには、「オヤジさん」とか「アニキ」とか「アネゴ」とか「姉さん」と呼ぶようにするといいですよ。普段からそういうふうに呼びかけるようにしていると、身内のような雰囲気が生まれますし、心理的な結びつきを強化することができるからです。

「○○さん」と名字で呼びかけるのは、丁寧ではあっても、どこかよそよそしい印象を与えてしまいます。

相手の懐に飛び込んで、家族を連想させるような言葉を使いましょう。もちろん、「これからアニキって呼んでいいですか？」と事前に許可をとっておく必要はあるでしょうが。

「言い返すハードル」を下げる呼びかけ

そういう関係性が形成されると、言い返すことにも遠慮がなくなります。なぜなら、お互いに家族のような気持ちになれるからです。

家族に対して、遠慮する人はあまりいませんよね。

「お母さん、お醤油とって」とお願いするとき、心臓がドキドキして緊張する人はいません。口ごもってうまく言えない人もいません。たいていは、ごくごく自然にお願いできるでしょう。

普段から、オヤジとかアニキとか呼びかけるようにしていると、そういう相手には遠慮せずに自己主張できるようになるのです。

血のつながらない人に、「アニキ」などと呼びかけることに躊躇する人がいるかもしれませんが、そんなに気にしなくともよいと思います。「私は、あなたのアニキではない!」と怒り出す人など、そんなにいないと思いますから。

米国ロチェスター大学のナサニエル・ベイヤーは、小児科を受診した百十四名の親御さんたちに、先生やナースから「お母さん」「お父さん」と呼びかけられるのと、「内藤さん」のように名前で呼ばれるのと、どちらがよいかを聞いてみました。

その結果、六三%の母親と五七%の父親は、「お母さん」「お父さん」と呼ばれるほうを好みました。

私たちは、名前で呼ばれるよりも、家族を連想させる言葉で呼びかけられるほうが、ちょっぴり嬉しいのかもしれません。

もちろん、中には「恥ずかしいから、『パパ』って呼ぶのをやめてよ」と言う人もいるでしょう。

その場合は、ごく普通に名字で呼びかければよいのです。

「お試しでいいから」は魔法のフレーズ

部下や後輩に、今まで経験したことのない新しい仕事をやってほしいとお願いしたら、渋い顔で断られたとしましょう。

このように本人の意に沿わないことをお願いするときに使える便利なフレーズがあります。それは、

「とりあえず試しにやってみない？」

です。

「試しにやってみてごらん」と言ってあげれば、たとえ未経験の仕事で失敗しても責任を問われることがないとわかるので、本人も受け入れやすくなると思われます。

水泳をやったことのない子どもにスイミングスクールに通わせるときや、音楽に興味がない子どもにピアノ教室に通わせるときにも、このフレーズは使えます。「とりあえず試すだけだから」と言い添えれば、子どももそんなに嫌がりません。

たとえ本人の意に沿わないことでも、やっているうちに好きになることはあります。最初はやりたくなかった仕事や習い事でも、しばらくそれに取り組んでいるうちに、次第に面白さに気づくこともあるのです。

とりあえず行動に移してもらえたら勝ち

米国ブラウン大学のアンジェロ・ディベロは、お酒が大好きな四十九名に集まってもらいました。そして、そのうち二十五名には自分の態度とは反すること、すなわち「お酒はやめたほうがいい」というエッセイを書いてもらいました。残りの二十四名には、比較のためにまったく意味のない健康な食生活についてのエッセイを書いてもらいました。

その後一カ月のあいだに、一週間当たり何杯のお酒を飲んだか記録をとってもらったところ、「お酒はやめたほうがいい」というエッセイを書いたグループは平均して六・五杯、もう一方のグループは七・六杯という結果になりました。

本当はお酒が大好きでも、「お酒はよくない」というエッセイを書くと、あまりお酒を飲まなくなるようです。

自分の態度や意見と反することをしているうちに、気が変わってくるというのは、よくあることなのです。

仕事でもその他のことでも、嫌がる人には、「お試しでいいから」というフレーズで説得しましょう。最初は渋い顔を崩さないかもしれませんが、そのうち自然と受け入れてくれると思います。

あとがき

できるだけ円満に現状を改善するソフトなテクニック

「和を以《もっ》て貴《とうと》しとなす」というように、日本人は和を大切にする国民です。

そのためでしょうか、他の人との調和や平和を第一にし、自分の気持ちは二の次にして自己主張をためらってしまう人が圧倒的に多いのではないかと思われます。読者もきっとそうでしょう。

とはいえ、やはり自分の気持ちや感情をないがしろにしてよいわけではありません。言うべきときにはきちんと言わないと、悶々とした気持ちがいつまでもつづいてしまいます。

そんなときはどうすればよいのかについて、さまざまな対処法を本書ではご紹介してきました。本書でとりあげてきたテクニックを駆使していただけば、すべてはいいませんが、かなりの問題は解決できるのではないかと思います。

なお、本書では、単に自己主張できるようになるだけでなく、「できるだけ円満な関係を壊さないこと」も重視しました。

ガンガン人にぶつかっていく強気な自己主張のテクニックは、日本人のメンタリティにそぐわないと思うからです。コミュニケーション学や、交渉学、あるいは議論法に関する本を読むと、相当に攻撃的なテクニックが紹介されていたりしますが、本書ではそれらのテクニックはあまりとりあげないことにしました。議論に勝っても、周囲に嫌われてしまっては元も子もありませんから。

その点、本書で述べてきたアドバイスは非常にソフトなものであり、誰にでも安心してお使いいただけるものばかりだと思います。ぜひ本書のテクニックを身につけて、自己主張すべきときには、自己主張するようにしてください。

言いたいことが言えるようになると、心にモヤモヤも溜まりませんし、精神的に非常にスッキリします。ストレスフリーな人生を歩むためにも、頑張って自己主張の技術を身につけてくださいね。

最後になりましたが、読者のみなさまにお礼を申し上げます。最後までお付き合いいただき、ありがとうございました。

「これは自分にも使えそう」「これくらいなら私でも言えそう」と思えるようなテクニックが見つかったら、一つでも二つでも実際に試していただき、その効果を実感してください。きわめて効果的ですので、ご自身でも驚くと思いますよ。

本書を読み終えたみなさまは、すでに自己主張に関する知識は十分。あとは、日々の生活の中でくり返し実践し、自己主張の技術を磨き上げるだけです。

みなさまの技術の向上を願いながら、筆をおきたいと思います。またどこかでお会いしましょう。

内藤誼人

Psychological Science, 30, 893-906.
●Wright, M. O., Norton, D. L., & Matusek, J. A. 2010 Predicting verbal coercion following sexual refusal during a hookup: Diverging gender patterns. Sex Roles, 62, 647-660.
●Wright, N. D., Bahrami, B., Johnson, E., Malta, G. D., Rees, G., Frith, C. D., & Dolan, R. J. 2012 Testosterone disrupts human collaboration by increasing egocentric choices. Proceedings of the Royal Society, B:Biological Sciences, 279, 2275-2280.

Education and Counseling, 62, 355-360.
●Stinson, D. A., Cameron, J.J., Wood, J. V., Gaucher, D., & Holmes, J. G. 2009 Deconstructing the "Reign of Error" : Interpersonal warmth explains the self-fulfilling prophecy of anticipated acceptance. Personality and Social Psychology Bulletin, 35, 1165-1178.
●Teigen, K. H. 1986 Old truths a fresh insights? A study of student's evaluations of proverbs. British Journal of Social Psychology, 25, 43-49.
●Tepper, B. J., Uhl-Bien, M., Kohut, G. F., Rogelberg, S. G., Lockhart, D. E., & Ensley, M. D. 2006 Subordinates' resistance and managers' evaluations of subordinates' performance. Journal of Management, 32, 185-209.
●Valdesolo, P. & DeSteno, D. 2011 Synchrony and the social tuning of compassion. Emotion, 11, 262-266.
●Van Baaren, R. B., Holland, R. W., Stdeenaert, B., & Van Knippenberg, A. 2003 Mimicry for money: Behavioral consequences of imitation. Journal of Experimental Social Psychology, 39, 393.
●Vangelisti, A. L. & Daly, J. A. 1989 Correlates of speaking skills in the United States: A national assessment. Communication Education, 38, 132-143.
●Waldron, V. & Lavitt, M. R. 2000 "Welfare-to-work" : Assessing communication competencies and client outcomes in a job training program. Southern Communication Journal, 66, 1-15.
●Weitlauf, J. C., Smith, R. E., & Cervone, D. 2000 Generalization effects of coping-skills training: Influence of self-defense training on women's efficacy beliefs, assertiveness, and aggression. Journal of Applied Psychology, 85, 625-633.
●Wells, A., Clark, D. M., Salkovskis, P., Ludgate, J., Hackmann, A., & Gelder, M. 2016 Social phobia: The role of in-situation safety behaviors in maintaining anxiety and negative beliefs. Behavior Therapy, 47, 669-674.
●Witkower, Z. & Tracy, J. L. 2019 A facial-action imposter: How head tilt influences perceptions of dominance from a neutral face.

completion and accuracy. Journal of Applied Behavior Analysis, 27, 85-99.
●Oskay-Özcelik, G., Lehmacher, W., et al. 2007 Breast cancer patients' expectations in respect of the physician-patient relationship and treatment management results of a survey of 617 patients. Annals of Oncology, 18, 479-484.
●Pearson, K. A., Watkins, E. R., & Mullan, E. G. 2011 Rejection sensitivity prospectively predicts increased rumination. Behaviour Research and Therapy, 49, 597-605.
●Prassa, K. & Stalikas, A. 2020 Towards a better understanding of negotiation: Basic principles, historical perspective and the role of emotions. Psychology, 11, 105-136.
●Regan, P. C., & Lamas, V. L. 2002 Customer service as a function of shopper's attire. Psychological Reports, 90, 203-204.
●Robinson, J. D. & Heritage, J. 2006 Physicians' opening questions and patients' satisfaction. Patient Education and Counseling, 60, 279-285.
●Rutten, E. A. P., Bachrach, N., van Balkom, A. J. L. M., Braeken, J., Ouwens, M. A., & Bekker, M. H. J. 2016 Anxiety, depression and autonomy-connectedness: The mediating role of alexithymia and assertiveness. Psychology and Psychotherapy: Theory, Research, and Practice, 89, 385-401.
●Sarkova, M., Bacikova-Sleskova, M., Orosova, O., Geckova, A. M., Katreniakova, Z., Klein, D., van den Heuvel, W., & van Dijk, J. 2013 Associations between assertiveness, psychological well-being, and self-esteem in adolescents. Journal of Applied Social Psychology, 43, 147-154.
●Shope, J. T., Copeland, L. A., Maharg, R., Dielman, T. E., & Butchart, A. T. 1993 Assessment of adolescent refusal skills in an alcohol misuse prevention study. Health Education Quarterly, 20, 373-390.
●Siminoff, L. A., Graham, G. C., & Gordon, N. H. 2006 Cancer communication patterns and the influence of patient characteristics: Disparities in information-giving and affective behaviors. Patient

E. A. 2007 Reported argumentativeness and verbal aggressiveness levels: The influence of type of argument. Communication Studies, 58, 189-205.
●Kelly, J. A., Kern, J. M., Kirkley, B. G., Patterson, J. N., & Keane, T. M. 1980 Reactions to assertive versus unassertive behavior: Differential effects for males and females and implications for assertiveness training. Behavior Therapy, 11, 670-682.
●Ladd, G. W. & Hart, C. H. 1992 Creating informal play opportunities: Are parents' and preschoolers' initiations related to children's competence with peers? Developmental Psychology, 28, 1179-1187.
●Lammers, J. & Stoker, J. I. 2019 Power affects sexual assertiveness and sexual esteem equally in women and men. Archives of Sexual Behavior, 48, 645-652.
●Levinson, W., Roter, D. L., Mullooly, J. P., Dull, V. T., & Frankel, R. M. 1997 Physician-patient communication: The relationship with malpractice claims among primary care physicians and surgeons. Journal of the American Medical Association, 277, 553-559.
●Marks, M., & Harold, C. 2011 Who asks and who receives in salary negotiation. Journal of Organizational Behavior, 32, 371-394.
●McAlister, A., Perry, C., Killen, J., Slinkard, L. A., & Maccoby, N. 1980 Pilot study of smoking, alcohol and drug abuse prevention. American Journal of Public Health, 70, 719-721.
●McFall, R. M., & Marston, A. R. 1970 An experimental investigation of behavior rehearsal in assertive training. Journal of Abnormal Psychology, 76, 295-303.
●Mononen, K. 2003 The effects of augmented feedback on motor skill learning in shooting: A feedback training intervention among inexperienced rifle shooters. Journal of Sport Sciences, 21, 867-876.
●O'Byrne, R., Hansen, S., & Rapley, M. 2008 "If a girl doesn't say 'No'..." : Young men, rape and claims of 'Insufficient knowledge'. Journal of Community & Applied Social Psychology, 18, 168-193.
●Olympia, D. E., Sheridan, S. M., Jensen, W. R., & Andrews, D. 1994 Using student-managed interventions to increase homework

placement:Thematic analysis. Nurse Education Today, 84,104252.
●Hargie, O. D. W. 1984 Training teachers in counselling skills: The effects of microcounselling. British Journal of Educational Psychology, 54, 214-220.
●Harro-Loit, H. & Ugur, K. 2019 "Listen first, then ask!" Listening-based journalistic questioning training methods. Journalism Practice, 13, 911-915.
●Hauke-Foman, N., Methner, N., & Bruckmüller, S. 2021 Assertive, but less competent and trustworthy? Perception of police officers with tattoos and piercings. Journal of Police and Criminal Psychology, https://doi.org/10.1007/s11896-021-09447-w.
●Hawkes, K. C., Edelman, H. S., & Dodd, D. K. 1996 Language style and evaluation of a female speaker. Perceptual and Motor Skills, 83, 80-82.
●Hofling, C. K., Brotzman, E., Dalrymple, S., Graves, N., & Pierce, C. M. 1966 An experimental study in nurse-physician relationships. Journal of Nervous and Mental Disease, 143, 171-180.
●Horne, Z., Powell, D., Hummel, J. E., & Holyoak, K. J. 2015 Countering antivaccinaion attitudes. Proceedings of the National Academy of Sciences, 112, 10321-10324.
●Hornsey, M. J., Grice, T., Jetten, J., Paulsen, N., & Callan, V. 2007 Group-directed criticisms and recommendations for change: Why newcomers arouse more resistance than old-timers. Personality and Social Psychology Bulletin, 33,1036-1048.
●Hughes, S. M., Mogilski, J. K., & Harrison, M. A. 2014 The perception and parameters of intentional voice manipulation. Journal of Nonverbal Behavior, 38, 107-127.
●Hutcherson, C. A., Seppala, E. M., & Gross, J. J. 2008 Loving-Kindness meditation increases social connectedness. Emotion, 8, 720-724.
●Joel, S., Teper, R., & MacDonald, G. 2014 People overestimate their willingness to reject potential romantic partners by overlooking their concern for other people. Psychological Science, 25, 2233-2240.
●Johnson, A. J., Becker, J. A. H., Wigley, S., Haigh, M. M., & Craig,

Fitzmaurice, S. & Purdy, K. A. 2015 Disfluent pausing effects on listener judgments of an ASL-English interpretation. Journal of Interpretation, 24, 1-17.
Flynn, F. J., & Lake, V. K. B. 2008 If you need help, just ask: Understanding compliance with direct requests for help. Journal of Personality and Social Psychology, 95, 128-143.
Garrison, K. E., Tang, D., & Schmeichel, B. J. 2016 Embodying power: A preregistered replication and extension of the power pose effect. Social Psychological and Personality Science, 7, 623-630.
Gervasio, A. H. 1987 Assertiveness techniques as speech acts. Clinical Psychology Review, 7, 105-119.
Goldenberg, J. L., Ginexi, E. M., Sigelman, C. K., & Poppen, P. J. 1999 Just say no: Japanese and American styles of refusing unwanted sexual advances. Journal of Applied Social Psychology, 29, 889-902.
Gonzales, A. L., Hancock, J. T., & Pennebaker, J. W. 2010 Language style matching as a predictor of social dynamics in small groups. Communication Research, 37, 3-19.
Granberg, D., & Bartels, B. 2005 On being a lone dissenter. Journal of Applied Social Psychology, 35, 1849-1858.
Gresham, F. M., & Nagle, R. J. 1980 Social skills: Training with children: Responsiveness to modeling and coaching as a function of peer orientation. Journal of Consulting and Clinical Psychology, 48, 718-729.
Guéguen, N. 2016 "You will probably refuse,but..." : When activating reactance in a single sentence increases compliance with a request. Polish Psychological Bulletin, 47, 170-173.
Guéguen, N., Joule, R.V., Courbet, D., Halimi-Falkowicz, S. 2013 Repeating "YES" in a first request and compliance with a later request: The four walls technique. Social Behavior and Personality, 41, 199-202.
Hanson, J., Walsh, S., Mason, M., Wadsworth, D., Framp, A., & Watson, K. 2020 'Speaking up for safety': A graded assertiveness intervention for first year nursing students in preparation for clinical

exit early, and earn less profit. Organizational Behavior and Human Decision Processes, 115, 45-54.
●Brown, G. & Baer, M. 2011 Location in negotiation: Is there a home field advantage? Organizational Behavior and Human Decision Processes, 114, 190-200.
●Bullis, C. & Horn, C. 1995 Get a little closer: Further examination of nonverbal comforting strategies. Communication Reports, 8,10-17.
Buss, D. M., Gomes, M., Higgins, D. S., & Lauterbach, K. 1987 Tactics of manipulation. Journal of Personality and Social Psychology, 52, 1219-1229.
●Chiou, W, B., Chang, M. H., & Yang, C. C. 2009 Customers' expectations of complaint handling by airline service: Privilege status and reasonability of demands from a social learning perspective. Psychological Reports, 104, 468-472.
●Chiu, C. Y., Tsang, S. C., & Yang, C. F. 1988 The role of face situation and attitudinal antecedents in Chinese consumer complaint behavior. Journal of Social Psychology, 128, 173-180.
●Clark-Gordon, C., Bowman, N. D., Goodboy, A. K., & Wright, A. 2019 Anonymity and online self-disclosure: A meta-analysis. Communication Reports, 32, 98-111.
●Claxton, R., Vecchio, S. D., Zemanek, J. E. Jr., & Mcintyre, R. P. 2001 Industrial buyers' perception of effective selling. Psychological Reports, 89, 476-482.
●Cloven, D. H. & Roloff, M. E. 1993 The chilling effect of aggressive potential on the expression of complaints in intimate relationships. Communication Monographs, 60, 199-219.
●DiBello, A. M., Carey, K. B., & Cushing, V. 2018 Using counter attitudinal advocacy to change drinking: A pilot study. Psychology & Addictive Behaviors, 32, 244-248.
●Dossett, M. L., Mu, L., Davis, R. B., Bell, I. R., Lembo, A. J., Kaptchuk, T. J., & Yeh, G. Y. 2015 Patient-provider interactions affect symptom in gastroesophageal reflux disease: A pilot randomized, double-blind, placebo-controlled trial. PLoS ONE doi:10.1371/journal.pone.0136855.

参考文献

●Alden, L., & Cappe, R. 1981 Nonassertiveness: Skill deficit or selective self-evaluation? Behavior Therapy, 12, 107-114.
●Allday, R. A., Bush, M., Ticknor, N., & Walker, L. 2011 Using teacher greetings to increase speed to task engagement. Journal of Applied Behavior Analysis ,44, 393-396.
●Amanatullah, E. T. & Tinsley, C. H. 2013 Punishing female negotiators for asserting too much...or not enough: Exploring why advocacy moderates backlash against assertive female negotiators. Organizational Behavior and Human Decision Processes, 120,110-122.
●Aritz, J., Walkerd, R., Cardon, P., & Li, Z. 2017 Discourse of leadership: The power of questions in organizational decision making. International Journal of Business Communication, 54, 161-181.
●Bayer, N. D., Taylor, A., Atabek, Z., Santolaya, J., Bamat, T. W., & Washington, N. 2019 Should we call you mom and dad? Caregiver preferences and pediatric physician and nurse manner in greetings. Hospital Pediatrics, 9, 989-992.
●Berger, C. R. & Bell, R. A. 1988 Plans and initiation of social relationships. Human Communication Research, 15, 217-235.
●Berking, M., Holtforth, M. G., Jacobi, C., & Kröner-Herwig, B. 2005 Empirically based guidelines for goal-finding procedures in psychotherapy: Are some goals easier to attain than others? Psychotherapy Research, 15, 316-324.
●Blake, K. R., Brooks, R., Arthur, L. C., & Denson, T. F. 2020 In the context of romantic attraction, beautification can increase assertiveness in women. PLoS ONE 15 e0229162 https://doi.org/10.1371/journal.pone.0229162.
●Bonnet, J. L., & McAlexander, B. 2013 First impressions and the reference encounter: The influence of affect and clothing on librarian approachability. The Journal of Academic Librarianship, 39, 335-346.
●Brooks, A. W. & Schweitzer, M. E. 2011 Can nervous Nelly negotiate? How anxiety causes negotiators to make low first offers,

本書は、本文庫のために書き下ろされたものです。

さりげなく・嫌《きら》われずに「言《い》い返《かえ》す」力《ちから》がつく本《ほん》

著　者　内藤誼人（ないとう・よしひと）
発行者　押鐘太陽
発行所　株式会社三笠書房
〒102-0072　東京都千代田区飯田橋3-3-1
https://www.mikasashobo.co.jp
印　刷　誠宏印刷
製　本　ナショナル製本

ISBN978-4-8379-3106-5　C0130

本書へのご意見やご感想、お問い合わせは、QR コード、
または下記 URL より弊社公式ウェブサイトまでお寄せください。
https://www.mikasashobo.co.jp/c/inquiry/index.html

王様文庫

王様文庫

いちいち気にしない心が手に入る本

内藤誼人

対人心理学のスペシャリストが教える「何があっても受け流せる」心理学。◎「マイナスの感情」をはびこらせない　◎〝胸を張る〟だけで、こんなに変わる　◎「自分だって捨てたもんじゃない」と思うコツ……etc.「心を変える」方法をマスターできる本！

夜、眠る前に読むと心が「ほっ」とする50の物語

西沢泰生

「幸せになる人」は、「幸せになる話」を知っている。　○看護師さんの優しい気づかい　○アガりまくった男を救ったひと言　○お父さんの「勇気あるノー」　○人が一番「カッコいい」瞬間……〝大切なこと〟を思い出させてくれる50のストーリー。

気くばりがうまい人のものの言い方

山﨑武也

「ちょっとした言葉の違い」を人は敏感に感じとる。だから……　◎自分のことは「過小評価」、相手のことは「過大評価」　◎「ためになる話」に「ほっとする話」をブレンドする　◎「なるほど」と「さすが」の大きな役割　◎「ノーコメント」でさえ心の中がわかる

K30658